☼ *Une lune pour des millions d'étoiles*

Bhakti World

Copyright © 2020 Dan Miguet

80 rue des Commandeurs 73360 Les Echelles / France

ISBN n° : 979-10-95182-03-0 Dépôt légal : 1er trimestre 2020

Edition révisée en janvier 2026

Photo couverture : Josh Miller / unsplash ✿ Photo au dos : Dīnabandhu dāsa, Temple Of Vedic Planetarium, Mayapura, West Bengal

Cover design : Laure / lauremiguet.fr

Une lune pour des millions d'étoiles

108 enseignements et analogies pour le Kali-yuga

Dīnabandhu dāsa

☼ *Une lune pour des millions d'étoiles*

« Et Je le proclame, celui qui étudiera cet entretien sacré, le nôtre, M'adorera par son intelligence »

Śrī Kṛṣṇa, Bhagavad-gītā 18. 70

Guide simplifié de prononciation du sanskrit

La plupart des voyelles et des consonnes se prononcent comme en français, sauf quelques exceptions.

- Le **ṛ** se prononce **ri**
- Le **c** se prononce **tch**
- Le **ṣ** et le **ś** se prononcent **sh**
- Le **u** se prononce **ou**
- Le **j** se prononce **dj**
- Le **e** se prononce **é**
- Les voyelles sont longues lorsqu'il y a un trait dessus : **ā, ī, ū**

Exemples :

Śrīmad-Bhāgavatam se prononce Shrimad-Bhaagavatam, *Caitanya* se prononce Tchaitanya et *Kṛṣṇa*, Krishna

oṁ ajñāna-timirāndhasya

jñānāñjana-śalākayā

cakṣur unmīlitaṁ yena

tasmai śrī-gurave namaḥ

« *J'étais plongé dans les plus profondes ténèbres de l'ignorance, mais avec le flambeau de la connaissance, mon maître spirituel m'a ouvert les yeux. Je lui rends mon hommage respectueux* »

vāñchā-kalpatarubhyaś ca

kṛpā-sindhubhya eva ca

patitānāṁ pāvanebhyo

vaiṣṇavebhyo namo namaḥ

« *Sans fin, je rends mon hommage respectueux à tous les vaiṣṇavas. Comme l'arbre à souhait, ils peuvent combler les désirs de chacun et débordent de compassion pour les âmes conditionnées* »

Introduction

Les hommes ont toujours aimé les histoires qui fascinent. Et si le mystère de la vie et de notre destinée ont le pouvoir de captiver autant l'esprit, c'est parce que nous sommes venus en ce monde avec une quête intérieure. Au plus profond de nous, nous savons bien que la finalité de l'existence est de la satisfaire. Mais quelle est cette quête et comment l'accomplir ?

Ce livre est destiné au lecteur introspectif, qui aime lire sur les sujets touchant à sa nature profonde et répondant à cette quête. Les enseignements et analogies présentés ici sont volontairement concis et d'application pratique, sans élucubration ni fausse sentimentalité. Ils sont destinés à éclairer tout chercheur de vérité, quelle que soit sa tendance spirituelle, philosophique ou religieuse.

Les textes d'*Une lune pour des millions d'étoiles* sont inspirés d'une tradition orale millénaire qui plonge ses racines dans la sagesse des Védas. Ce savoir n'appartient pas à une race, un pays ou à une religion en particulier. Il est universel. Il a toujours existé et le message qui est délivré sous cette forme reste tout aussi profond et riche de sens.

Ce que vous lirez s'appuie à la fois sur des écrits reconnus, sur les enseignements de maîtres issus d'une filiation spirituelle millénaire, sur la vie de ceux qui en incarnent les valeurs, et sur l'expérience personnelle de l'auteur. Celui-ci n'a rien inventé : il est un intermédiaire, à la manière de celui qui tend le fruit mûr à point qu'une personne, plus haut placée dans l'arbre, vient de lui passer. Mais serezvous prêt à le saisir et à le goûter ?

Nous vivons dans un âge sombre, le *Kali-yuga* ou âge de fer, dont l'avènement était prévu depuis longtemps dans les Védas. Malgré les progrès matériels accomplis par la science, le comportement destructeur de l'homme, ainsi que les conflits individuels et collectifs, prennent une ampleur sans précédent.

Comme des spectateurs impuissants, nous assistons à la perte progressive des repères que l'humanité a mis des siècles à construire. L'influence exercée par le matérialisme omniprésent et un fort déclin de la spiritualité sont les symptômes de cette dérive existentielle qui mène à notre perte. Sommes-nous en train de voir s'évanouir nos derniers espoirs de pouvoir construire un monde meilleur et plus fraternel ?

S'il est encore possible à certains de faire des choix importants - tels que vivre plus simplement et plus sobrement de façon à se rapprocher des réalités de la vie - aucun changement profond ne peut survenir sans découvrir notre vraie identité et connaître la finalité de l'existence. L'ignorance de qui nous sommes et du sens de la vie est la cause première de nos souffrances et de la confusion dans laquelle se trouve l'humanité.

L'amour véritable est la nature profonde de l'âme humaine, ce pourquoi elle est faite, car aimer est une valeur universelle. Chaque fois que nous en ressentons la présence dans un regard, un sourire, une parole ou un geste tendre, nous y trouvons un réconfort à nul autre pareil ainsi que la force de vivre malgré l'adversité. Personne ne peut vivre sans amour et pourtant, il semblerait que la compréhension que nous en avons ne soit pas celle qui permette de changer le monde… Y aurait-il donc plusieurs sortes d'amour ? D'où vient l'amour originel et comment connecter à sa source nos paroles, nos pensées et nos actes quotidiens, afin de nous sentir à chaque instant relié à lui et comblés par ses bienfaits ?

Ce livre propose des éléments de réponse clairs et concrets à cette question. A la manière du voyageur fatigué qui rentre d'un long périple et jubile à l'idée de retrouver son foyer et les siens, vous reconnaitrez peut-être, comme beaucoup l'ont fait avant vous, ce chemin familier sur lequel chaque pas est un pas de danse et chaque parole un chant de joie…

« Ce savoir est roi d'entre tous les enseignements, le secret d'entre les secrets, la connaissance la plus pure, et parce qu'il nous fait percevoir directement le soi grâce à une réalisation interne, il représente la perfection du dharma (1). Il est impérissable et d'application joyeuse. » Bhagavad-gītā 9.2

Les quelques références scripturaires qui sont ajoutées en complément des textes sont destinées au lecteur averti. À toute fin utile, se trouve à la fin du livre un glossaire des mots sanskrit et des expressions utilisées, ainsi que la table des matières de ces cent huit enseignements et analogies.

Je sollicite votre indulgence pour les imperfections que vous pourriez trouver dans cette présentation, de même que pour toute erreur ou omission involontaire. Comme un enfant qui, depuis la plage, contemple le vaste océan, je suis conscient de mes limites devant l'étendue infinie du savoir transcendantal.

Je vous souhaite une bonne lecture.

Oṁ namo bhagavate vāsudevāya

Dīnabandhu dāsa

o   (1) le mot *dharma* désigne ici la voie de la religion dans son sens pur et originel

☼ *1 S'enquérir*

L'homme a une prédisposition naturelle à s'enquérir. Enfant, nous demandons : « Papa, qu'est-ce que c'est ? Maman, qu'est-ce que c'est ? » Et les parents répondent aux questions, dans la mesure du possible. Cette faculté que nous avons depuis l'enfance est propre à l'homme. Un chat ou un chien ne peut comprendre l'origine des choses qui l'entourent. L'esprit humain cherche par nature à répondre à ses interrogations et à développer la connaissance du monde dans lequel il vit.

Lorsque nous sommes guidés par quelqu'un de compétent, qui possède le savoir et l'expérience qui nous manquent, notre progrès est assuré. À l'université, l'étudiant qui effectue un parcours scientifique est suivi par plusieurs professeurs expérimentés. C'est après des années d'études et grâce à leur aide, qu'il présentera, lors de l'examen final, un échantillon représentatif de son travail, afin que son niveau d'accomplissement soit validé.

Puisque nous possédons la faculté innée de nous interroger, il est tout à fait normal de l'utiliser pour nous demander : « Mais qui suis-je ? » ou : « D'où vient l'univers ? » Cette propension à nous enquérir de ces questions fondamentales fait partie de notre nature. Elle ne doit pas être ignorée, car elle existe à seule fin de nous inciter à rechercher, auprès d'une source reconnue et compétente, les réponses qui donnent tout son sens à notre vie (1).

o (1) *jīvasya tattva-jijñāsā.*
   « Notre désir ne doit pas être de vivre pour la satisfaction des sens, mais uniquement de mener une vie saine, accordée à la forme humaine, laquelle doit conduire à rechercher la Vérité Absolue. Et tel devrait être l'objet de tout acte. » Śrīmad-Bhāgavatam 1. 2. 10

o *« Une personne intéressée par la connaissance transcendantale doit sans cesse s'en enquérir, de façon directe et indirecte, afin de connaître la vérité qui tout pénètre. »* Śrīmad-Bhāgavatam 2. 9. 36. (Dernier des quatre versets considérés comme la quintessence de cette œuvre)

o *athāto brahma-jijñāsā. « Maintenant (que nous avons obtenu cette forme humaine), il est temps de nous enquérir de la Vérité Absolue. »* Vedānta-sūtra 1. 1. 1

☼ *2 Eveiller ce qui est là*

La conscience est le symptôme de la vie. Elle manifeste sa présence dans une variété infinie de formes, même parmi les espèces végétales. Un arbre ne proteste pas lorsqu'on le coupe ; pourtant la science a prouvé que le règne végétal réagit lui aussi lorsqu'il est agressé (1). Tous les êtres vivants possèdent une conscience individuelle plus ou moins développée. Ils partagent avec nous les quatre principes fondamentaux de survie que sont manger, dormir, se reproduire et se défendre (2).

Chaque espèce dispose de capacités particulières. Grâce à la sensibilité de leurs nageoires, les poissons sont capables de sentir la présence d'un prédateur à plusieurs kilomètres. Les vautours ont une vue si perçante qu'ils peuvent repérer, depuis le ciel, un cadavre. Quant à l'odorat du chien, il est jusqu'à cent mille fois supérieur au nôtre… Les animaux nous surpassent en bien des domaines, mais tenter artificiellement de rivaliser avec leurs facultés - aussi extraordinaires soient-elles - ne doit pas nous faire oublier que ces prouesses sont matérielles et que leur champ d'action est limité.

Grâce à son intelligence, l'homme est capable de plonger au fond des mers, de voler dans le ciel, de creuser sous la terre ou de concevoir des instruments pour compenser ses sens imparfaits… Est-ce que cela fait de lui un être supérieur à l'animal, auquel il ressemble par certains comportements ? Non. C'est sa capacité à utiliser son intelligence pour s'élever à un niveau de conscience supérieur qui le distingue des autres espèces.

L'animal ignore le but de la vie. Il ne possède ni religion ni lieux de culte ni prières, alors que cette caractéristique est commune à toutes les sociétés humaines, mêmes les plus primitives. Cela signifie que la recherche spirituelle est dans la nature de l'homme et qu'il ne sert à rien de la renier. Sans la poursuite de cet idéal, il n'est rien de plus qu'un « animal à deux pattes », uniquement préoccupé à perfectionner les quatre principes cités plus haut, qui lui permettent de donner libre cours à ses instincts et à la prédation.

o (1) Au début du siècle, le botaniste *Jagadish Chandra Bose* démontra le premier par ses travaux l'existence de capacités sensorielles chez les plantes.

o (2) *āhāra-nidrā-bhaya-maithunam*, manger, dormir, se défendre et avoir des relations sexuelles. *Hitopadeśa 25*

o « *Toutefois, quand ce savoir qui dissipe les ténèbres de l'ignorance illumine l'être, tout lui est révélé, à la manière du soleil qui illumine toute chose lorsque vient le jour.* » *Bhagavad-gītā 5. 16*

☼ *3 Les six phases de la vie*

Toutes les formes de vie sont soumises aux lois rigoureuses de la nature et traversent six phases dans leur développement : la naissance, la croissance, la maturité, la reproduction, le déclin et la mort (1). Aucun être, qu'il soit humain, animal ou plante, ne peut échapper à cette influence ni prolonger indéfiniment son existence en ce monde.

C'est la présence de l'âme qui est à l'origine de la croissance et des diverses transformations du corps. Prenons l'exemple d'un enfant : son corps se transformera en celui d'un jeune homme, d'un adulte, puis en celui d'un vieillard. Chacun d'entre nous peut expérimenter ces étapes de la vie : « Je suis passé par un corps d'enfant, puis par celui d'un jeune homme ou d'une jeune femme, et j'aurai sans nul doute un corps de vieillard. » Je peux comprendre par cette simple analyse, que je diffère de ces corps et que, possédant une nature éternelle, j'ai existé temporairement dans chacun d'eux…

Ce que l'on appelle la « mort » représente en fait la destruction de l'enveloppe externe seule, mais non de l'être vivant qui, à la manière d'un conducteur, occupe le corps grossier, comparé à un véhicule.

o　(1) *ṣaḍ-vikāra*, les six changements que subit le corps matériel.
o　*« Jamais l'âme ne naît ni ne meurt. Elle n'eut jamais de commencement et n'en aura jamais. Non née, éternelle, immortelle et primordiale, elle ne périt pas avec le corps. » Bhagavad-gītā 2. 20*

☼ *4 Le char du corps*

« L'individu (l'âme) occupe en passager le corps matériel, semblable à un char tiré par cinq chevaux. Le cocher représente l'intelligence, les rênes le mental et les chevaux les cinq sens. Dans une telle posture, l'âme jouit ou souffre de son contact avec le mental et les sens. Telle est la vision des grands penseurs. »

o   *Kaṭha Upaniṣad* 1. 3. 3-4, 9

« Les spiritualistes au profond savoir comparent le corps, conçu selon la volonté de Dieu, à un char. Les chevaux en sont les sens ; l'esprit, qui est le maître des sens, en est les rênes ; les objets des sens sont les destinations ; l'intelligence, le conducteur et la conscience qui se répand dans le corps entier est la cause de l'asservissement dans ce monde matériel. » Śrīmad-Bhāgavatam 7. 15. 41

☼ *5 Les trois destinations du corps*

Le corps se transformera un jour en cendres, en terre ou en excréments. Comment cela est-il possible ? Lorsqu'il est incinéré, il devient cendres. S'il est enterré, il se changera en terre après plusieurs mois de décomposition. Quant à celui qui est abandonné dans l'eau ou sur le sol, il servira de nourriture aux bêtes et aux insectes, et finira en excréments… Voilà ce qu'il advient du corps à la dernière étape de son existence.

Et nous prenons pourtant tellement soin de ce qui deviendra cendres, terre et excréments ! Nous oublions que c'est la force vitale - cette particule d'antimatière qui pénètre et anime le corps - qui lui permet de vivre, de se mouvoir et d'interagir avec le monde. Et cette force vitale, c'est nous. Lors de la mort, pourquoi vouloir à tout prix conserver le corps et consacrer tant de surfaces à faire des tombes ?

Le corps est vivant, attirant et utile tant que l'étincelle de vie est présente. Privé de celle-ci, il devient indésirable, comme un vêtement usagé dont on se débarrasse. Ce corps que nous entretenons avec tant de soin et à travers lequel nous expérimentons joies et peines se transformera tôt ou tard en cendres, en terre ou en excréments, pour disparaître à jamais. Nous existions avant lui et nous continuerons d'exister après sa destruction.

o　　*« Jamais ne fut le temps où n'où n'existions, Moi, toi et tous ces rois et jamais aucun de nous ne cessera d'être. » Bhagavad-gītā 2. 12*

☼ *6 Le pouvoir subtil de l'air*

L'air est par nature neutre et invisible, mais il a le pouvoir de transporter les odeurs. S'il vient à passer au-dessus d'un jardin de roses, il portera à nos narines leur agréable parfum. En respirant l'air chargé de ces effluves odorants, nous faisons mentalement l'association avec les fleurs et en éprouvons un délicieux bienfait. Mais si cet air, que nous trouvions agréable à respirer, venait à traverser un dépôt d'ordures, notre visage ferait une grimace de dégoût…

Ce principe nous aide à comprendre comment, au moment de la mort, la conscience emporte avec elle la manière dont elle conçoit la vie. Le corps subtil, constitué du mental, de l'intelligence et du faux ego, transporte l'âme jusqu'au prochain corps grossier que la nature lui a préparé, en fonction de son état d'esprit (1). La qualité des pensées et des actes qui précèdent la mort a donc une importance capitale (2).

Si, à cet instant, je suis relié (yoga) au Suprême, si ma conscience est absorbée dans la Transcendance, je mettrai fin au cycle des morts et des renaissances. Comme l'air transporte avec lui les odeurs, nos pensées nous emportent vers la forme d'existence qui correspond à notre mentalité. Nous changeons ainsi pour un nouveau corps, après être passés, dans le précédent, de l'enfance à la jeunesse, puis à la vieillesse. Ce changement ne trouble pas celui qui est conscient de sa nature spirituelle…

o (1) « *Tout comme l'air véhicule les odeurs, l'être vivant, en ce monde, emporte d'un corps à un autre ses différentes conceptions de la vie. Ainsi revêt-il un certain type de corps puis le quitte pour en revêtir un autre.* » *Bhagavad-gītā* 15. 8

o (2) « *L'état de conscience dont on conserve le souvenir à l'instant de quitter le corps détermine la condition d'existence future.* » *Bhagavad-gītā* 8. 6

o « *Au moment de la mort, l'âme change de corps, tout comme elle est passée dans le précédent de l'enfance à la jeunesse, puis à la vieillesse. L'âme réalisée n'est pas troublée par ce changement.* » *Bhagavad-gītā* 2. 13

☼ *7 Les prouesses du martin-pêcheur*

A-t-on jamais attribué des brevets ou décerné des prix Nobel à Mère Nature pour toutes ses inventions ? Prenons un exemple parmi des milliers. Connaissez-vous les prouesses du martin-pêcheur ? Ce minuscule oiseau de quelques dizaines de grammes, au plumage magnifique et au bec redoutable, est capable de capturer jusqu'à soixante-dix ou quatre-vingts poissons en une journée. Mais là n'est pas son seul exploit. Figurez-vous que, lorsqu'il plonge et se retrouve sous l'eau, son corps se métamorphose.

Pour protéger ses yeux lors de l'immersion, une sorte de paupière translucide vient les recouvrir, comme des lunettes de plongée… Et ce n'est pas tout. Une fois sa proie happée, ses ailes s'ouvrent comme un gilet de sauvetage pour le ramener à la surface, d'où il reprend son envol… De son perchoir, il avale ensuite le poisson la tête la première, dans le sens des écailles, s'il vous plaît ! S'il n'est pas dans le bon sens, il le lance en l'air et le rattrape avec agilité dans celui qui lui convient… Et la liste de ses talents pourrait encore s'allonger !

On peut comprendre la fascination de l'homme pour la nature et pourquoi il a créé d'innombrables départements afin d'étudier la faune et la flore terrestre. Le répertoire des « inventions » de la nature est inépuisable... Mais on est en droit de se demander : « Quelle intelligence a conçu ces outils extraordinaires, dont certains sont copiés par l'homme, et qui s'attribue ensuite le mérite de les avoir inventés ? »

o *« La nature matérielle, qui est l'une de Mes énergies, agit sous Ma direction, engendrant tous les êtres, mobiles et immobiles. » Bhagavad-gītā 9. 10*

o Ce texte, rédigé par l'auteur, a pour intention de montrer que la pensée védique est une sagesse vivante, apte à éclairer aussi bien notre propre condition que l'intelligence à l'œuvre dans les êtres vivants et dans le monde qui nous entoure.

☼ *8 Pourquoi ?*

Faire bon usage de son intelligence, c'est chercher à comprendre pourquoi tant de situations me rendent perplexe et m'empêchent d'être heureux : « Pourquoi dois-je souffrir ? Je n'ai pas envie de subir ceci, mais on me force… Je ne veux pas mourir, mais la mort m'attend… Je résiste à la maladie, mais elle est plus forte… Je ne veux pas faire la guerre, mais je suis forcé de me battre, etc. » Tout homme sain d'esprit cherche à résoudre les problèmes qu'il rencontre. C'est ce qu'on appelle la lutte pour l'existence.

Les animaux souffrent aussi, sans comprendre les raisons de leurs souffrances. Ils obéissent à leur instinct. Un chat qui essaie de voler de la nourriture et que vous chassez recommencera un peu plus tard… Une différence majeure existe entre l'animal et l'être humain : ce dernier peut se contrôler, l'animal non. Un homme attablé devant un bon repas, même s'il a faim, attendra d'être invité pour se servir. L'animal mangera immédiatement, car il ne peut se contrôler. Personne ne s'en étonne. En revanche, l'homme éduqué pensera en son for intérieur : « J'attends qu'on m'invite à manger. »

Lorsqu'un chien cherche à s'accoupler avec une femelle, peu lui importe que ce soit en public ou que la chienne refuse. Il essayera de le faire par tous les moyens, car le contrôle de cette pulsion lui échappe. On ne le punit pas pour cela. Mais si un homme se comporte de la même manière avec une femme dans la rue, en vertu de la loi, il sera arrêté et condamné…

C'est donc la maîtrise des sens qui distingue l'homme de l'animal. Après tout, ils recherchent tous deux la même satisfaction, dans des corps différents. Boire dans un verre en or ou dans un verre en terre consiste à étancher sa soif, peu importe le récipient… Mais si, au nom de la liberté, l'homme veut faire ce qui lui plaît, quand ça lui plaît, il n'y aura jamais de limite à sa convoitise et celle-ci sera la cause de sa perte.

La liberté de satisfaire tous ses désirs, ou l'absence de contrôle du mental et des sens, transforme donc l'homme en animal, laissant libre cours à ses instincts les plus bas. En conséquence, il partagera le même destin que lui : celui d'être contraint d'évoluer dans une forme d'existence déterminée, sans jamais pouvoir choisir son destin.

Cependant, de la même façon qu'il peut régresser vers l'animal, l'homme peut aussi s'élever (1) en optant pour un corps spirituel, non lié par le *karma-bandhana*, le nœud des actes intéressés (2). En faisant bon usage de son intelligence, il peut choisir son mode de vie et ses fréquentations afin de développer un attrait réel pour l'écoute attentive du message qui a le pouvoir d'apporter des réponses à ses questions existentielles (3).

- ○   (1) « *Ceux qui vouent leur adoration aux devas renaîtront parmi les devas ; ceux qui vénèrent les ancêtres parmi les ancêtres et parmi les spectres et autres esprits ceux qui leur rendent un culte. Mais ceux qui M'adorent, c'est auprès de Moi qu'ils vivront.* » Bhagavad-gītā 9. 25
- ○   (2) « *Armé du souvenir du Seigneur, l'homme d'intelligence peut trancher l'entrelacs de nœuds créés par les actions matérielles et leurs suites (karma-granthi-nibandhanam).* » Śrīmad-Bhāgavatam 1. 2. 15
- ○   (3) « *L'homme d'intelligence réelle, aux facultés pensantes développées, n'aura d'autre souci que d'atteindre le but souverain, qu'on ne trouve pas en ce monde, dût-on parcourir l'univers entier, de la planète la plus haute à la plus basse. Car, pour ce qui est du bonheur propre à la satisfaction des sens, il s'obtient de lui-même en temps et lieu, tout comme le malheur, sans même que nous l'ayons désiré.* » Śrīmad-Bhāgavatam 1. 5. 18

☼ *9 Les yeux de l'amour*

Les yeux de l'amour, c'est le regard que la mère adresse à son enfant, même s'il souffre d'une infirmité ou présente des traits disgracieux. Une personne étrangère, qui ne possède pas cet amour au fond d'elle, s'arrêtera aux considérations physiques et ne pourra comprendre la profondeur du sentiment maternel.

De la même façon, lorsque nous sommes habités par la source de l'Amour Universel, nous percevons Sa présence en nous, en chaque être et partout où se pose notre regard. En fait, rien n'existe plus que cet amour (1), parce que nous ne voyons plus avec les yeux, mais avec le cœur.

o   (1) *prema*, amour pur pour Dieu, sommet de la *bhakti*.
o   *« C'est Lui (Govinda, le Seigneur originel, qu'on nomme Śyāmasundara) que voient au fond de leurs cœurs les purs bhaktas, dont les yeux sont oins du baume de l'amour et de la dévotion. » Brahma-saṁhitā 5. 38*
o   *« Le pur amour pour Dieu (Kṛṣṇa-prema) réside éternellement dans le cœur de l'être vivant. » Caitanya-caritāmṛta, Madhya-līlā 22. 107*

☼ *10 Un savoir parfait*

La spiritualité authentique a pour but de guider nos pas sur le chemin de la vie. Lorsque nous rencontrons des difficultés, nous avons besoin de compter sur un savoir sûr, qui ne provienne pas d'une source sujette à l'erreur ou à l'imperfection. Il est facile d'affirmer n'importe quoi à partir d'une théorie quelconque ou même de notre imagination – ce qui est fréquent à notre époque. Mais cela ne peut que nous conduire vers une destinée hasardeuse, et c'est une perte de temps.

Affirmer sur la base d'idées préconçues, et de notre interprétation, qu'il n'y a pas de vie après la mort est un avis sans grande valeur. Si l'on veut approfondir le sujet, il est nécessaire d'approcher une source de savoir qui fait autorité. Selon les critères des Védas, un savoir authentique doit se situer au-delà des quatre imperfections qui affectent tout homme :

- Commettre des erreurs
- Être sujet à l'illusion
- Avoir tendance à tromper autrui
- Posséder des sens imparfaits (1)

Personne n'est libre de ces défauts. Nous nous trompons souvent et nous reconnaissons que « l'erreur est humaine ». Nous sommes victimes de l'illusion en nous identifiant au corps, qui n'est pas notre véritable moi. Nous avons tendance à tromper autrui en transformant, changeant ou interprétant. Enfin, nos sens sont imparfaits, car ils sont limités. Nos yeux, par exemple, ne peuvent voir dans l'obscurité… Dès lors, comment comprendre la plus haute vérité à l'aide de nos sens, de simples hypothèses et de spéculations ?

Il existe autant de théories qu'il y a d'êtres humains… Il est pourtant indispensable de comprendre notre nature profonde avant toute autre étude.

Les enseignements qui font autorité dans le domaine de la connaissance de soi, du yoga ou de la réincarnation (2), nous apprennent que l'âme est individuelle et éternelle, qu'elle transmigre d'un corps à un autre et qu'elle ne meurt pas lorsque le corps est anéanti. Ce savoir est sûr et reconnu, parce qu'il vient d'une source située au-delà de ces quatre imperfections (3).

o   (1) Les quatre imperfections :

o   . *bhrama*, l'erreur

     . *pramāda*, l'illusion

     . *vipra-lipsā*, la tricherie

     . *karaṇa-apāṭava*, l'imperfection des sens

     « *L'erreur, l'illusion, la tricherie et l'imperfection liée aux perceptions sensorielles ne souillent jamais les propos des sages qui font autorité en matière spirituelle.* » Caitanya-caritāmṛta, Ādi-līlā 2. 86

o   (2) Comme celui de la *Bhagavad-gītā.*

o   (3) le savoir védique est qualifié d'*apauruṣeya*, car il n'est ni inventé ni issu d'une quelconque spéculation intellectuelle.

     vedo nārāyaṇaḥ sākṣāt, « *les Védas viennent directement de Nārāyaṇa.* » *Śrīmad-Bhāgavatam* 6. 1. 40

☼ *11 Le prisonnier*

Une personne qui commet un crime finit par se faire arrêter et emprisonner. Pour avoir enfreint la loi, elle perd son statut d'honorable citoyen et doit désormais dépendre de la justice. Forcée de quitter ses occupations dans le monde libre, elle doit vivre dans un espace limité, aux règles strictes : la prison. Ainsi, ceux qui défient les lois de l'État et les règles de la société, finissent un jour ou l'autre par se soumettre à celles de la prison...

Dans le monde des conditions - sur terre, les êtres se croient libres, alors qu'en réalité ils subissent les lois sévères de l'énergie matérielle, à commencer par la naissance, la maladie, la vieillesse et la mort (1). Par conséquent, bien qu'ils tentent de satisfaire leur soif de plaisirs - tout en pensant qu'ils sont libres - ils sont en réalité prisonniers, comme les criminels dans la prison.

Dans ce lieu où ils s'activent à servir l'illusion, ils sont harcelés par trois formes de souffrances : celles qui viennent du corps et du mental, celles qui sont causées par d'autres êtres vivants, et celles qui sont infligées par les éléments naturels (2). Par conséquent, ils ne peuvent expérimenter ni paix ni satisfaction durables.

Depuis *Brahmā* jusqu'à l'insignifiante fourmi, tous les êtres disséminés dans les univers sont soumis à différentes conditions d'existence. Personne n'échappe aux lois strictes de la nature. Que ce soit dans un cachot insalubre ou dans une cellule avec des barreaux dorés, une prison reste un lieu d'incarcération pour l'âme, qui a pour destinée de se libérer et de vivre constamment dans l'amour et la joie.

○   (1) *janma-mṛtyu-jarā-vyādhi. Bhagavad-gītā* 13. 9
○   (2) Les trois formes de souffrances ou *kleśas* :
    . *adhyātmika-kleśa* : celles causées par notre corps et notre mental
    . *adhibhautika-kleśa* : celles causées par les autres entités vivantes (personnes, animaux, insectes, virus, etc.)
    . *adhidaivika-kleśa* : celles causées par les puissances naturelles
○   (froid ou chaleur extrêmes, tempêtes, etc.)

☼ *12 Mirage dans le désert*

Parfois, les voyageurs qui traversent le désert aperçoivent à l'horizon une vaste étendue d'eau, mais ce n'est qu'un mirage. S'ils choisissent d'aller dans sa direction, ils finiront par s'égarer et mourir de soif. De la même façon, dans le désert de  l'existence conditionnée, la civilisation matérialiste fait miroiter devant nos yeux des promesses alléchantes de bonheur. Nous voulons étancher notre soif intense, mais, en fin de compte, nous sommes victimes d'une illusion qui nous épuise et nous condamne à poursuivre sans fin un mirage.

Tant de gens se retrouvent, un jour ou l'autre, frustrés et déçus pour n'avoir fait que courir après des mirages... Et même s'ils refusent de croire aux promesses de la société, ils ont encore envie de croire au bonheur, car il fait partie de leur nature profonde. Mais comment le trouver ? S'il existe des mirages dans le désert de l'existence, c'est que l'eau véritable existe quelque part... Cela vaut la peine de la chercher, mais ailleurs (1). Dans le désert, aucun mirage n'a le pouvoir de nous désaltérer.

Le drame est que nous ne savons pas où trouver l'eau véritable qui étanchera notre soif de bonheur. Nous naissons dans l'ignorance, sans information sur le but de la vie ni sur notre véritable intérêt. L'éducation d'aujourd'hui n'enseigne plus cela. Doit-on se résigner en essayant de s'adapter et se contenter, pour tout idéal, de l'illusion d'un mirage ?

o　　(1) l'aptitude au bonheur se trouve en nous. Il faut chercher où se trouve la source qui déborde de cette félicité à laquelle nous aspirons.
ānandamaya 'bhyāsāt. Vedānta-sūtra 1. 1. 12

☼ *13 Le lion aussi*

Tout le monde n'a pas conscience que, pour évoluer, l'homme doit cultiver un idéal de vie supérieur. Si la majorité de la société l'ignore aujourd'hui, c'est justement parce que la connaissance transcendantale est absente de l'éducation et que la masse des hommes suit aveuglement, sous couvert d'émancipation et de liberté, les différentes formes de conditionnement qu'on lui impose. Les gens ignorent qu'ils peuvent prétendre à la pleine connaissance et au bonheur éternel.

Dans les sociétés dites évoluées, il est courant de manger sans avoir faim, de dormir plus que nécessaire, de jouir d'une vie sexuelle sans limite et de brandir, en cas de conflit, la menace d'une arme de destruction massive. Toutes ces possibilités ne rendent pas l'être humain meilleur ou supérieur à l'animal, qui partage avec nous les quatre nécessités primaires que sont manger, dormir, avoir des relations sexuelles et se défendre.

Le lion s'est vu décerner par l'homme le titre de « roi des animaux » (1), mais qu'est-ce que cela change pour lui ? Parce qu'il domine les autres espèces, cela ne veut pas dire qu'il passe son temps à dormir. Il doit aussi lutter pour vivre, car aucun autre animal, sous prétexte qu'il est le « *king* », ne va lui apporter à manger ni entrer dans sa gueule pour lui faire plaisir ! Ainsi, même le lion est forcé d'agir (2).

L'être humain doit aussi accomplir une activité pour subvenir à ses besoins. Mais les nécessités de base peuvent être aisément comblées sans s'atteler à une tâche démesurée. Travailler ne devrait jamais être un but pour la satisfaction immédiate des désirs, mais plutôt un moyen pour atteindre un bénéfice supérieur et durable (3).

o   (1) *paśu-rāja*
o   (2) *Na hi suptasya siṁhasya praviśanti mukhe mṛgāḥ. Hitopadeśa*

o   (3) C'est la différence entre *preya*, ce qui procure une satisfaction immédiate, mais souvent superficielle, et *śreya*, le bien véritable et durable.

o   *« Le bonheur qui au début ressemble à du poison, mais à la fin se révèle comparable au nectar et éveille à la réalisation spirituelle, émane de la vertu. » Bhagavad-gītā 18. 37*

☼ *14 Reflet sur l'eau*

Il existe un arbre dont les racines pointent vers le haut et les branches vers le bas. On peut l'apercevoir au bord d'un lac ou d'une rivière. Visible dans l'eau, il est l'image inversée de l'arbre qui pousse sur la rive…

Le monde dans lequel nous vivons est un reflet du monde spirituel, le monde originel duquel tout émane. Comme la réflexion de l'arbre repose sur l'eau, celle du monde spirituel repose sur le désir matériel.

Bien que le reflet semble réel, il doit son existence à l'arbre originel. Son image, qui fluctue au gré du courant, nous aide à percevoir la réalité qui existe au-delà, car l'arbre véritable vient d'un monde où règnent l'éternité, la connaissance et la félicité. Dans le reflet créé par l'illusion, l'éternité cède la place à l'impermanence, la connaissance à l'ignorance et la félicité à la souffrance…

o   « *On dit qu'il existe un banian impérissable dont les racines pointent vers le haut et les branches vers le bas. Ses feuilles sont les hymnes védiques. Qui le connaît, connaît les Védas.* » *Bhagavad-gītā* 15. 1

☼ *15 « Mon pays »*

Sur cette infime planète située quelque part dans l'univers, nous avons fièrement décrétés : « Ça c'est l'Amérique, ça c'est l'Allemagne, ça c'est la France… » Je suis né dans ce pays, j'y vis cinquante ou quatre-vingts ans et, tout au long de mon existence, je suis absorbé par la conscience d'y appartenir. Je vis quelques décennies, mais mon identification au corps – et, par extension, à tout ce qui s'y rattache - m'incite à vénérer cette terre que j'appelle « mon pays ».

En y réfléchissant bien, quel lien votre vraie identité a-t-elle avec la terre où vous êtes né ? Quel âge avez-vous ? Si vous avez cinquante ans, où étiez-vous il y a plus de cinquante ans ? Où était votre pays ? Vous l'ignorez… Était-ce la Chine, l'Australie, une autre planète ? Vous ne vivez que depuis cinquante ans dans ce corps et dans ce pays, et pourtant vous êtes absorbé par cette pensée : C'est « MON pays ! » (1)

Le nationalisme exacerbé provoque une forme de folie dont les guerres sont le terrain d'expression. Partout et à toutes époques, les hommes ont combattu les uns contre les autres et sont morts pour une terre qui, en réalité, ne leur appartenait pas. Même une organisation de l'envergure des Nations Unies est impuissante à mettre fin aux innombrables conflits qui déchirent le monde, car elle est elle-même divisée par autant d'intérêts égoïstes qu'il y a de drapeaux… De fait, vouloir mettre fin à la guerre revient à vouloir éteindre un feu de forêt avec un seau d'eau.

Une personne consciente de sa véritable identité et de sa relation avec la Cause Suprême (2) est en paix avec elle-même. Elle peut alors contribuer à apporter la paix dans le monde, car elle est éveillée à sa nature éternelle. Elle s'efforce de transmettre cette connaissance aux êtres qui souffrent, car elle les voit comme des parties intégrantes du Tout Suprême et Absolu, unis sous le même « drapeau de la conscience », au-delà des différences de races et de nationalités (3).

L'ignorance de cette relation est la véritable cause de la souffrance et des guerres.

- o (1) « *L'homme qui croit être les trois éléments de son corps, qui en considère les fruits comme les membres de sa famille, qui fait de sa terre natale un objet de culte et qui ne se rend aux lieux saints que pour s'y baigner plutôt que de chercher à rencontrer ceux qui possèdent le savoir spirituel, ne vaut certes pas mieux qu'un âne ou une vache.* » *Śrīmad-Bhāgavatam* 10. 84. 13

- o (2) *jīvera 'svarūpa' haya — kṛṣṇera 'nitya-dāsa'*, « *La nature originelle de l'être vivant est d'être l'éternel serviteur de Dieu, Kṛṣṇa* ».
  Caitanya-caritāmṛta, Madhya-līlā 20. 108

- o (3) On appelle *upādhi*, la désignation temporaire liée au corps : race, nationalité, religion, profession, statut social, etc.
  sarvopādhi-vinirmuktaṁ tat-paratvena nirmalam, « *Vouer son service au Suprême délivre de toute identification matérielle et de désir autre, y compris la recherche philosophique spéculative et les actes intéressés.* »
  Bhakti-rasāmṛta-sindhu 1. 1. 12 / *Caitanya-caritāmṛta, Madhya-līlā* 19. 170

☼ *16 La rose*

Ce n'est pas sous l'action d'une loi physique aveugle qu'une rose acquiert peu à peu la forme, la couleur et le parfum qui concourent à sa beauté. En effet, une conscience parfaite se trouve à l'arrière-plan et, sans elle, la rose ne pourrait s'épanouir d'une manière aussi régulière et harmonieuse. Par croisement de deux roses différentes, l'homme parvient à son tour – avec des résultats incertains - à créer une nouvelle variété (1). Si une intelligence, celle de l'homme, se trouve à l'origine de cette rose nouvelle, pourquoi, derrière la rose originelle, n'existerait-il pas une intelligence supérieure ? Et d'où vient l'intelligence qui inspire à l'homme la manière de s'y prendre pour créer ?

Dans les musées et expositions, on peut contempler des œuvres dédiées à la nature. Les meilleurs artistes peignent des fleurs presqu'aussi belles que les vraies. Presqu'aussi belles… Et pourtant, les visiteurs, en admiration devant une toile, feront plus volontiers l'éloge de la rose peinte par l'homme. Et s'ils louent son talent, ils ignorent, la plupart du temps, celui de l'artiste originel qui a créé la rose ayant servi de modèle !

o (1) Créer une nouvelle variété de rose est difficile car cela demande des années de patience, des centaines d'essais souvent infructueux et une grande part d'imprévisibilité génétique. La nature décide toujours autant que l'homme, voire davantage.

o *« Comprends que tout ce qui est opulent, beau et glorieux, jaillit d'une simple étincelle de Ma splendeur. » Bhagavad-gītā* 10. 41

☼ *17 Le vaisseau humain*

Une fois votre billet acheté pour une place en deuxième classe, vous ne pouvez pas prétendre voyager en première. Le corps que la nature matérielle vous a fourni vous permet d'expérimenter une certaine quantité de plaisirs et de souffrances, déterminés dès la naissance. Vous ne pouvez pas le modifier, de la même façon qu'une fois embarqué pour un voyage, vous devez accepter la place qui correspond à votre billet.

Le corps humain - physique, mental et spirituel - est un excellent véhicule, conçu pour accéder à la vie éternelle. Tel un vaisseau rare et précieux, il permet à l'être vivant de franchir l'océan des naissances et des morts répétées (1). Lorsqu'il est dirigé par un capitaine expérimenté - le maître spirituel - et qu'il vogue sous le vent favorable des *śāstras* (2), ce bateau a toutes les chances d'arriver à bon port.

La vie peut être comparée à un long voyage, ou à une expédition vers des contrées lointaines, et chacun de nous cherche naturellement à l'accomplir dans les meilleures conditions. Mais à quoi bon voyager en première classe, dans un compartiment climatisé, si le véhicule ne va pas dans la bonne direction ? Les personnes qui se préoccupent à l'excès du corps et de leur confort matériel oublient que la vie a pour but la réalisation spirituelle. Elles se condamnent ainsi à perdre les bénéfices acquis grâce à la forme humaine.

Ne nous contentons pas de rester assis, confortablement installés. Assurons-nous de choisir la bonne destination et de faire la route en bonne compagnie. Une fois arrivés au terminus, il sera trop tard !

o   (1) *saṁsāra*, le cycle des naissances et des morts dans le monde matériel.

o   (2) *śāstras* : les Écrits révélés qui font autorité dans la tradition védique.

o   *« Mes chers devas, la forme humaine revêt une telle importance que nous-mêmes désirons l'obtenir, car elle seule permet d'atteindre au parfais savoir et à la plus haute vérité spirituelle. Si celui qui a obtenu cette naissance manque à comprendre le Seigneur Suprême et Son royaume, c'est qu'il subit profondément l'influence de l'énergie illusoire, māyā. »* Paroles de *Brahmā. Śrīmad-Bhāgavatam* 3. 15. 24

o « *Pour celui qui se trouve à bord du vaisseau des pieds pareils-aux-lotus du Seigneur, refuge même de la manifestation cosmique et qui est célébré comme Murāri, l'océan de l'existence matérielle se réduit à l'eau contenue dans l'empreinte du sabot d'un veau.* » Śrīmad-Bhāgavatam 10. 14. 58

o « *Après de nombreuses renaissances, on obtient cette forme humaine rare, qui, bien que temporaire, offre la possibilité d'atteindre la plus haute perfection. Ainsi, l'être sobre devrait sans perdre de temps s'efforcer d'atteindre la perfection ultime de la vie tant que son corps, dont l'existence est constamment en sursis, n'est pas tombé et n'est pas mort. Après tout, le plaisir des sens est disponible dans les espèces de vie les plus diverses.* » Śrīmad-Bhāgavatam 11. 9. 29

o « *Quand bien même tu serais le plus vil des pécheurs, une fois embarqué sur le vaisseau du savoir spirituel, tu franchiras l'océan des souffrances.* » Bhagavad-gītā 4. 36

☼ *18 Le prix de l'Amour Suprême*

Tant qu'il subit l'influence de la passion et de l'ignorance, l'esprit ne peut accéder à une compréhension supérieure. Mais lorsque la vertu illumine le cœur, l'être prend conscience de la situation périlleuse dans laquelle il se trouve. Dès lors, il s'éveille à sa vraie nature et s'en trouve vivifié. C'est le niveau de la pure vertu (1), le stade de la réalisation spirituelle (2).

Pourquoi l'homme devrait-il s'enchaîner à un travail abrutissant ? Tout le monde cherche à vivre paisiblement, à éviter la fatigue et à se reposer lorsque cela est nécessaire. Personne n'est destiné à travailler sans relâche. Chacun devrait pouvoir obtenir, sans effort superflu, ce dont il a besoin pour vivre et épargner du temps pour la vie spirituelle.

La voie du yoga est une échelle dont le plus haut degré est l'Amour Suprême (3). Mais celui-ci ne s'atteint pas au prix d'exploits physiques ou intellectuels. De même qu'il faut être suffisamment riche pour acquérir un objet de grande valeur, il faut être prêt à en payer « le prix » pour obtenir cet amour parfait. Qui accepterait d'étudier les mathématiques ou la chimie en quelques minutes ? La spiritualité est une science infiniment précieuse, dont les lois n'ont rien en commun avec l'imagination ou la simple sentimentalité.

Chercher à étudier cette science sans approcher un enseignant qualifié ni des écrits faisant autorité est une perte de temps et une perturbation inutile pour la société (4). La religion qui ne repose pas sur une compréhension philosophique demeure cantonnée à la sphère sentimentale. La philosophie qui n'a pas pour but d'étudier la plus haute vérité n'est qu'une spéculation vaine. Voilà pourquoi les deux doivent s'unir afin de comprendre Dieu, la nature de la relation qui nous unit à Lui et le moyen par lequel nous pouvons la développer.

o (1) *śuddha-sattva*, la vertu (*sattva*) sans mélange.
o (2) *« Aussitôt qu'en le cœur s'établit fermement le service de dévotion, les influences de la passion et de l'ignorance, comme la concupiscence et l'avidité, s'y effacent. Le bhakta se fixe alors dans la vertu et trouve le*

parfait bonheur. Ainsi établi dans la vertu, l'être vivifié par la pratique du service de dévotion parvient à la libération, brise tout lien avec la matière et accède alors d'une manière tangible à la science qui a trait à la Personne Suprême. » Śrīmad-Bhāgavatam 1. 2. 19-20

- ○ (3) *« Et de tous les yogis, celui qui, avec une foi totale, demeure toujours en Moi et médite sur Moi en Me servant avec amour, celui-là est le plus grand et M'est le plus intimement lié. Tel est Mon avis. »* Bhagavad-gītā 6. 47
- ○ (4) *« Le bhakti-yoga non conforme aux Védas, aux Purāṇas, et aux Pañcarātras, doit être considéré comme du sentimentalisme et ne fait que troubler la société. »* Bhakti-rasāmṛta-sindhu 1. 2. 10

☼ *19 « Voir Dieu »*

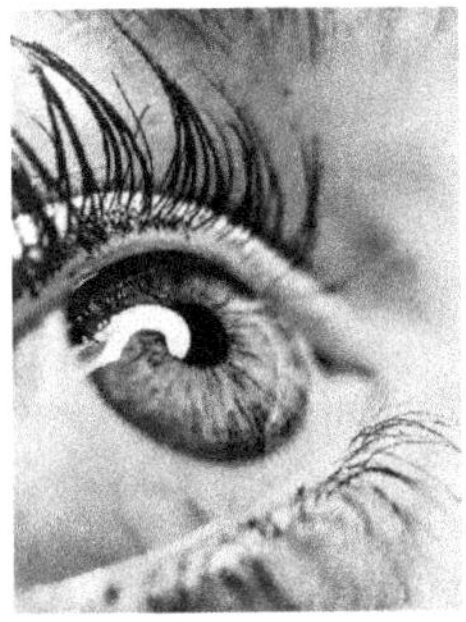

Les personnes qui nous entourent, comme les paysages et les spectacles grandioses que nous contemplons, présentent beaucoup d'attraits pour l'œil, mais nous dépendons de la lumière pour en apprécier la beauté. Ce monde est par nature sombre, et nous sommes en quête de lumières, aussi bien pour éclairer nos maisons que pour guider nos vies.

Pour quelle raison l'homme a-t-il découvert l'électricité et conçu tous ces luminaires ? La lumière artificielle nous permet de voir la nuit, mais le soleil, appelé aussi « l'œil de Dieu » (1), nous permet de voir et de vivre le jour. À l'évidence, notre corps est conçu pour vivre sous la lumière solaire, et non sous un éclairage artificiel.

Parfois, des personnes demandent sur un ton de défi : « Si Dieu existe, montrez-le-moi ! » Très bien, mais quel pouvoir ont des organes qui dépendent de la lumière pour fonctionner ? Sans le soleil pour éclairer ce monde, nous sommes aveugles… Notre capacité à voir, comme l'ensemble de nos fonctions sensorielles, est imparfaite. En réalité, nous pouvons voir - et nous voir nous-même - uniquement par la grâce du soleil, dont l'électricité, la lumière et le feu sont des manifestations.

Beaucoup de personnes arrogantes ignorent qui elles sont, mais voudraient voir Dieu ! Pourtant, lorsqu'un de leurs proches meurt, elles se lamentent : « Il (elle) est parti(e), il (elle) nous a quitté(s)... » Mais où est parti ce « il » ou ce « elle » ? Son corps est toujours étendu devant elles, mais qui est parti ? Qu'est-ce qui, dans le corps, a changé et fait la différence entre une personne morte et une personne encore en vie ? Elles l'ignorent…

Ces yeux en lesquels elles placent leur confiance ne les ont pas aidées à voir la véritable personne qui habitait ce corps et dont elles partageaient la vie. Et pourtant, incapables de concevoir l'existence d'un au-delà, elles lancent encore, sur un ton de défi : « Si Dieu existe, montrez-le-moi ! »

- ○ *(1) « J'adore Govinda, la Personne Suprême et originelle. C'est Lui qui donne au soleil, roi de tous les astres, son immense pouvoir et son intense chaleur. Le soleil représente l'œil du Seigneur, et s'il parcourt son orbite, c'est pour répondre à Son ordre. » Brahma-saṁhitā 5. 52*
- ○ *« Je ne Me montre jamais aux sots et aux insensés. Le voile de Ma puissance interne Me soustrait à leur regard, si bien qu'ils ne savent pas que Je suis non né et inexhaustible. » Bhagavad-gītā 7. 25*

☼ *20 L'affection familiale*

Les hommes et les femmes cherchent à se rencontrer, à vivre ensemble et à fonder une famille. La nature est faite ainsi. Deux personnes qui se plaisent et entretiennent une relation intime vont naturellement s'attacher l'une à l'autre. L'homme, par exemple, pensera : « C'est ma femme ; il faut que je la protège et que je prenne soin d'elle. » Or, voyez comme la vie est extraordinaire et le destin mystérieux : avant que n'existe la relation avec cette personne en particulier, elle n'avait pas plus d'importance que toutes celles qu'il croisait quotidiennement...

Dès l'instant où nous faisons entrer quelqu'un dans notre vie, un puissant lien se développe dans le cœur (1). Le mariage vient renforcer cette relation, resserrant encore davantage ce « nœud ». De la vie de famille naît l'attachement pour les enfants, les biens matériels et le foyer où vivent ceux que nous aimons, puis pour la communauté ou la société dont nous dépendons, etc. Parallèlement, une source de revenu toujours plus importante devient nécessaire pour entretenir et protéger ceux qui sont désormais devenus une extension de notre moi.

Dans son livre « Principes d'économie politique » publié en 1890, Alfred Marshall, l'un des économistes les plus influents de son temps, affirmait que le moteur du développement économique réside dans l'affection familiale. Il constata que ceux qui ont une famille à nourrir sont prêts à travailler beaucoup plus que les personnes vivant seules. Les employeurs qui connaissent ce « secret » cherchent à savoir si les candidats qu'ils recrutent ont une famille et des enfants… Si ce n'est pas le cas, ils savent d'avance que ces personnes s'investiront moins dans l'entreprise et qu'il leur sera plus facile de la quitter lorsqu'il leur plaira.

Pourtant, beaucoup de ces travailleurs se retrouvent seuls au crépuscule de leur vie, épuisés et vidés de leur énergie vitale, pour n'avoir fait que servir leur famille, leur employeur ou leur pays, sans penser un seul instant à ce qu'il adviendra d'eux au moment de mourir.

La vie de famille permet de satisfaire des penchants naturels et d'avoir une existence réglée, mais elle doit conduire à l'émancipation de l'homme et de la femme, et non à leur enfermement dans une prison aux barreaux dorés.

○   (1) *hṛdaya-granthi*, le « nœud dans le cœur ». Enseignements de *Ṛṣabhadeva* à ses fils. *Śrīmad-Bhāgavatam* 5. 5. 8

☼ *21 Le chien errant*

La vie d'un chien qui erre dans la rue, sans foyer ni maître, n'a pas grande valeur. Affamé et à la merci de tous les dangers, il peut être blessé ou même se faire tuer. En réalité, tant qu'il n'a pas un bon maître, un chien errant est malheureux. La qualité principale du chien est sa fidélité envers l'homme. Lorsqu'il est au service d'un bon maître, n'importe quel chien peut rendre de précieux services.

Il arrive souvent, de nos jours, que les gens errent dans leur vie comme ces chiens privés de foyer. En dépit de leurs qualités et de leurs nombreux diplômes, ils n'arrivent pas à trouver un engagement. Par conséquent, ils ne peuvent se sentir ni aimés ni reconnus par la société. L'homme qui se trouve dans l'impossibilité de contribuer au monde dans lequel il vit ressemble à un animal domestique abandonné à son sort.

Un mode de vie qui prône comme idéal l'accumulation des richesses, la recherche du pouvoir et de la renommée (1) est semblable au mirage qui attire le voyageur assoiffé. C'est pourquoi la société moderne ne produit aujourd'hui que des travailleurs de basses classes (2), avides de possessions matérielles, qui seront plus tard la source de leur frustration et de leur égarement.

Si la tête chercheuse ne connaît pas la destination, comment peut-elle atteindre sa cible ? Si l'organisation de la société est privée d'une intelligence saine, comment les citoyens peuvent-ils se sentir utiles et être heureux ?

L'histoire du monde a vu défiler de nombreux royaumes, empires, républiques ou dictatures. Aucun n'a résisté à l'épreuve du temps. Tous ont tous été inexorablement broyés et dissous, entraînant avec eux ceux qui ont cru à l'illusion du bonheur matériel et du développement économique aveugle.

o   (1) *Lābha-pūjā-pratiṣṭhā.* « *Ceux qui recherchent la perfection rejettent des comportements tels que la diplomatie, le fait de tuer sans nécessité des animaux, l'affairisme mondain, la soif de gloire et de prestige social, qui ne sont que des mauvaises herbes poussant avec la plante de la dévotion (bhakti).* » Enseignements de Śrī Caitanya à *Rūpa Gosvāmī*.
Caitanya-cāritamṛta, Madhya-līlā 19. 159

o   (2) *śudras*, voir Glossaire.
kalau śūdra-sambhavaḥ. « *Dans l'âge de Kali, tous les hommes naissent śudras.* » *Skanda Purāṇa*

☼ 22 *L'âne et le matérialiste*

L'âne se nourrit d'un peu d'herbe que lui donne son maître, une nourriture simple et économique. Il travaille dur en échange de cette maigre pitance, sans réaliser que cette herbe pousse abondamment dans les champs. Alors, dans l'attente de sa récompense, il porte son fardeau quotidien, pensant parfois être heureux. C'est ainsi que le matérialiste est comparé à l'âne…

Comme l'âne condamné à porter de lourdes charges sur son dos, l'homme du commun s'éreinte au travail pour satisfaire un bonheur furtif. Et si, par chance, il parvient à faire quelques économies, il peut rarement en profiter. Bien souvent, il se contente d'un repas frugal, d'un sommeil bref et agité, tandis que son argent est précieusement conservé en banque ou sert à entretenir les membres de sa famille.

De même, à quoi peut servir d'accumuler le savoir matériel et les diplômes s'ils n'ont pas de lien avec l'Absolu ? Ne sont-ils pas, pour l'âme en quête de joie céleste, des fardeaux tout aussi inutiles lorsque sa dernière heure a sonné ?

Une personne qui s'identifie à son foyer et à ses possessions pense : « Sans ma femme ou mon mari, mes enfants, ma maison, mon travail, je n'existe pas… » Elle peine du matin au soir pour subvenir aux besoins des siens, mais, finalement, son labeur effréné l'empêche de se consacrer à de plus nobles desseins. À la manière de l'âne, elle échange sa liberté contre une vie de misère, prisonnière de l'attachement matériel et du développement économique, qui invente sans cesse de nouveaux besoins.

S'attacher aveuglément à ses proches et à ses biens, accumuler toujours plus d'argent pour finalement tout perdre : voilà le triste sort qui attend celui qui peine comme une bête de somme (1) …

Travailler un minimum est nécessaire, mais on ne doit pas oublier que la vie humaine est le plus précieux des trésors, car elle a pour but la libération véritable de tout asservissement.

○   (1) *mūḍha*, une des quatre sortes d'incroyants, selon la *Bhagavad-gītā* :
« *Les hommes d'une sottise grossière (mūḍhas), ceux qui se trouvent au dernier échelon de l'humanité (naradhamas), ceux dont le savoir a été dérobé par l'illusion (māyayapahṛta jñānās) et ceux qui participent de la nature athée des démons (asuras), aucun de ces incroyants (duṣkṛtinas) ne s'abandonne à Moi.* » Bhagavad-gītā 7. 15

☼ *23 Une situation incompatible*

Les mondes matériel et spirituel existent grâce à l'action de différentes puissances ayant une seule et même origine. Le soleil, par exemple, exerce son influence sur tout ce qui vit. Même lorsqu'il n'est pas visible, c'est l'action de son énergie qui fait pousser les feuilles des arbres au printemps et les fait tomber en automne. De même qu'un feu dans une cheminée répand chaleur et lumière dans toute la pièce, une unique source est à l'origine de la manifestation cosmique (1).

De cette énergie originelle émanent une puissance externe, une puissance interne et une troisième, dite marginale. La puissance externe (2) correspond au monde phénoménal dans lequel nous vivons et que nous pouvons contempler, avec ses planètes et ses univers. Tout être qui nait ou qui meurt ici se trouve sous le contrôle de cette énergie. Au-delà de notre champ de perception sensorielle existe la puissance interne (3), dont les textes védiques, et notamment la *Bhagavad-gītā*, nous donnent la description (4). Ce monde est éternel, contrairement à notre corps ou au gigantesque « corps » de la manifestation cosmique. Il ne connaît ni création, ni dissolution. Enfin, la puissance ou énergie marginale (5) est constituée par les innombrables êtres vivants dont nous faisons partie et qui peuplent l'univers.

Lorsqu'on s'approche de l'océan, il existe une bande de sable qui, selon la marée, est tantôt découverte, tantôt submergée par l'eau. De la même manière, les êtres vivants, du fait de leur position marginale, se trouvent parfois influencés par la nature matérielle et parfois par la nature spirituelle. En réalité, ils appartiennent à la nature spirituelle, mais d'une façon ou d'une autre, ils sont entrés en contact avec la nature matérielle et sont tombés sous son « charme », se laissant recouvrir par les vagues de l'illusion…

o   (1) *« Tout comme le feu, de l'endroit où il brûle, projette autour de lui sa chaleur et sa lumière, les énergies de Dieu, le Parabrahman, se répandent à travers tout l'univers. » Viṣṇu Purāṇa 1. 22. 53*

- o (2) *māyā-śakti*, l'énergie d'illusion, (*mā,* pas, *yā,* cela). Sous son influence, l'âme oublie la relation qui l'unit à l'Absolu.
- o (3) *cit-śakti*, l'énergie spirituelle.
- o (4) *« Il existe une autre nature non manifestée, qui est éternelle et qui se situe au-delà des états manifesté et non manifesté de la matière. Indestructible et suprême, elle demeure intacte quand tout en l'univers matériel est dissous. Ce lieu dont on ne retombe jamais une fois qu'on l'a atteint, que les védantistes décrivent comme non manifesté et impérissable, cette destination ultime est Ma demeure suprême. »* Bhagavad-gītā 8. 20-21 *« Ce royaume suprême, le Mien, n'est éclairé ni par le soleil ni par la lune ni par le feu ou l'électricité. Pour qui l'atteint, il n'est point de retour en ce monde. »* Bhagavad-gītā 15. 6
- o (5) *taṭasthā-śakti*, l'énergie marginale. *« Outre cette énergie inférieure, il existe une énergie supérieure qui M'appartient également. Elle comprend les êtres vivants qui exploitent les ressources de la nature matérielle. »* Bhagavad-gītā 7. 5

☼ *24 Le petit oiseau et la peur*

En observant la vie autour de nous, nous constatons que tous les êtres éprouvent différentes formes de crainte. Personne n'y échappe, car cela fait partie de l'existence. Regardez ce petit oiseau à qui vous jetez des miettes : il s'approche avec hésitation, jetant des regards furtifs autour de lui... Il a peur, même si vous ne lui voulez aucun mal.

Les êtres humains ressentent eux aussi une forme ou une autre d'anxiété. La raison profonde en est que nous sommes sans cesse confrontés à l'impermanence et à la souffrance, alors même que nous recherchons un bonheur durable, sans limite (1). Nous considérons le corps, ainsi que les relations fondées sur lui, comme pleinement réels, pensant : « Je suis ce corps et tout ce qui lui est relié m'appartient (2). » Dès lors, la moindre menace pesant sur ce que nous croyons posséder fait naître la peur de le perdre.

Le corps avec lequel nous traversons la naissance, la maladie, la vieillesse et la mort est de même nature que le monde auquel nous tentons de nous adapter. Qui peut échapper aux souffrances physiques et mentales (3) ? Qu'il se trouve dans le corps d'un homme ou dans celui d'une fourmi, chaque être cherche à être heureux et à éviter la souffrance (4).

L'extension d'un mode de vie artificiel contribue à engendrer de nouvelles formes de craintes, inconnues des peuples anciens. Comment les sociétés modernes pourraient-elles nous protéger de l'insécurité, de la misère ou des maladies, alors qu'elles peinent à résoudre les problèmes qu'elles ont elles-mêmes engendrés ?

Sous l'influence de la nature temporaire et changeante du monde, notre mental oscille sans cesse entre deux états d'anxiété : la quête de ce qui semble manquer à notre bonheur et la peur de perdre ce que nous avons acquis (5).

On ne peut accéder à une paix intérieure durable qu'en prenant refuge dans le lieu où n'existe nulle crainte (6). Ce lieu est aussi un état, un niveau de conscience : celui de la réalisation spirituelle (7).

- (1) *asad-grahāt*. Les êtres vivants éprouvent constamment de l'anxiété parce qu'ils prennent le monde temporaire (*asat*) pour la réalité. Enseignements de *Prahlāda Mahārāja*. *Śrīmad-Bhāgavatam* 7. 5. 5
  duḥkhālayam, lieu de souffrance et *aśāśvatam*, transitoire, sont deux caractéristiques propres à ce monde. *Bhagavad-gītā* 8. 15

- (2) *aham mameti* : Conception illusoire de l'âme conditionnée : « Je suis ce corps, et tout ce qui est lié à ce corps m'appartient. » Enseignements de *Ṛṣabhadeva* à ses fils. *Śrīmad-Bhāgavatam* 5. 5 .8

- (3) « *Les être en ce monde matériel sont des fragments éternels de Ma Personne. Mais parce qu'ils sont conditionnés, ils luttent avec acharnement contre les six sens et parmi eux, le mental.* » *Bhagavad-gītā* 15. 7

- (4) *ātyantika-duḥkha-nivṛtti* : échapper à toutes sortes de situations pénibles.

- (5) *socana*, se lamenter sur la perte, *akankṣa*, désirer.

- (6) *Vaikuṇṭha*, de *vai*, sans et *kuṇṭha*, anxiété. Le monde spirituel, demeure éternelle du Seigneur.

- (7) *brahma-bhūta*. « *Celui qui atteint le niveau transcendantal réalise aussitôt le Brahman Suprême et ressent une joie très profonde. Il se montre égal envers tous les êtres et jamais ne s'afflige ni n'aspire à quoi que ce soit. Il obtient dès lors de Me servir avec une dévotion pure.* »
  Bhagavad-gītā 18. 54

☼ *25 La geôle de Māyā*

Les gouvernements n'ont aucun intérêt à dépenser des millions pour construire et maintenir de vastes centres pénitenciers - parfois de la taille d'une ville - si ce n'est pour lutter contre la criminalité. Ainsi, même dans les pays les plus libéraux existent des prisons. Personne, à moins d'être fou, ne souhaite y être enfermé, et aucun gouvernement n'a besoin de faire de publicité pour remplir les cellules... Leur seule raison d'exister est de pouvoir incarcérer ceux qui font mauvais usage de leur liberté en transgressant les lois, civiles ou criminelles, de la société.

Dans une prison, on ne peut s'attendre à vivre aussi confortablement et heureux que dans la vie ordinaire. On tente de s'adapter, de s'accommoder des conditions, parfois même de se convaincre que l'on est libre - mais en réalité, on demeure prisonnier. Le monde phénoménal dans lequel nous vivons est comparable à une telle prison. Il a été établi pour ceux qui ont défié les lois supérieures de l'existence.

Que vous l'acceptiez ou non, vous êtes soumis aux lois immuables de la nature, tout comme le détenu doit se plier aux règles strictes de la prison. Votre liberté y est réelle, mais limitée. Comme derrière les barreaux, vous devez endurer des souffrances physiques et mentales, subir des privations et faire face à des contraintes auxquelles nul n'échappe....

Les tribulations que nous traversons au cours de la vie ont pour but de nous dissuader d'y revenir, c'est-à-dire de reprendre naissance. Pourtant, malgré les trois formes de souffrances (1), malgré la naissance, la maladie, la vieillesse et la mort (2), nous ne réalisons pas le danger. Nous faisons de notre mieux pour nous adapter, préserver notre santé, éviter les désagréments ou vivre dans un environnement agréable, mais la nature ne nous permettra pas de prolonger indéfiniment notre séjour. Après quelques années - qui passent à la vitesse de l'éclair - elle nous expulse soudainement « au-dehors », nous forçant à renaître ailleurs, toujours à l'intérieur de la même geôle... tant que nous n'en avons pas compris la raison d'être.

o   (1) Les trois formes de souffrances ou *kleśas*. Voir ☼ *11 Le prisonnier* (2)

o   (2) *janma-mṛtyu-jarā-vyādhi. Bhagavad-gītā* 13. 9
« Toutes les planètes de l'univers, de la plus évoluée à la plus basse, sont des lieux de souffrance où se succèdent la naissance et la mort. Mais il n'est plus de renaissance pour l'âme qui atteint Mon royaume. »
Bhagavad-gītā 8. 16

☼ *26 Aimer*

Le potentiel d'amour dont nous héritons à la naissance est destiné à croître et à s'épanouir au cours tout au long de la vie. Bébé, nous cherchons instinctivement à saisir et à porter à la bouche tout ce qui est à notre portée, car cet amour, à l'état latent, est d'abord dirigé vers notre propre personne. En grandissant, nous découvrons la joie de réciproquer et de partager avec nos parents, puis avec nos frères et sœurs. Peu à peu, notre capacité à aimer s'élargit aux membres de notre famille et à notre entourage.

Vient ensuite l'amour de la communauté, de la société, de la nation, pour s'étendre enfin au monde et à l'univers tout entier… Comme une pierre jetée dans un étang qui engendre des cercles concentriques de plus en plus vastes, notre besoin d'aimer est destiné à croître sans limite, à partir du point central de notre moi.

Privé de famille, l'être humain adopte un chat, un chien ou un autre animal, car aimer est un élan inné. Si la société enseigne l'amour de la patrie, de la famille et de soi-même, elle n'éclaire guère sur l'art d'orienter cette faculté vers son plein accomplissement, pour le plus grand bénéfice de tous. Rien d'étonnant à cela : comment satisfaire ce besoin fondamental en ignorant l'objet ultime de l'amour ?

Faute de connaissance sur la nature de cet amour suprême, nous projetons notre soif d'aimer sur des personnes et des objets incapables de la combler durablement, ce qui engendre inévitablement insatisfaction et frustration. L'amour parfait, dans l'une des différentes inclinations transcendantales (1) en relation avec le divin, ne peut s'éveiller qu'après avoir été libéré de tout attachement matériel. Cette union de l'âme constitue l'accomplissement de la relation éternelle (2) qui relie l'être distinct au Seigneur Suprême.

o   (1) *rasas* ou relations transcendantales, au nombre de cinq : *śānta-rasa*, la relation neutre, *dāsya-rasa*, la relation de service, *sakhya-rasa*, la relation d'amitié, *vātsalya-rasa*, la relation parentale, et *mādhurya-rasa*, la relation amoureuse.

o   (2) *svarūpa-siddhi*

o   *« L'occupation suprême pour l'homme consiste à servir l'Absolu Seigneur avec amour et dévotion. Lorsqu'il devient immotivé et ininterrompu, ce service de dévotion a le pouvoir de combler l'âme. »*
Śrīmad-Bhāgavatam 1. 2. 6

o   *premā pumartho mahān. « Le but suprême de la vie est l'amour de Dieu. »*
Śrīla Viśvanātha Cakravartī Ṭhākura, Caitanya-matta-manjusa

o   *« Laisse là toute formes d'occupation et abandonne-toi simplement à Moi. Je te délivrerai de toutes les suites de tes fautes, n'aie nulle crainte. »*
Bhagavad-gītā 18. 66

☼ *27* « *Accélérer* » *la mort*

L'homme est capable d'accomplir de grandes prouesses. Les chercheurs qui ont découvert les pouvoirs de l'atome ont mis cette source d'énergie au service de la création d'armes nouvelles. Or, la bombe atomique n'est pas apparue par hasard : sa mise au point a exigé des années de recherches intensives. On peut toutefois s'interroger sur la valeur réelle de tous ces efforts (1) ...

Ils ont conçu une arme prodigieuse, capable d'anéantir une partie de l'humanité. Mais à quoi sert une invention qui permet de tuer davantage ? La mort ne frappe-t-elle pas déjà, à chaque instant, en chaque lieu du monde ? En réalité, l'homme n'a rien inventé : il n'a fait qu'« accélérer » la mort - et pourtant, il s'en glorifie !

Ne serait-il pas plus intelligent de consacrer ces mêmes ressources à chercher ce qui pourrait libérer l'homme de la mort, plutôt que de précipiter son issue ? La connaissance matérielle développée par des personnes qui ignorent le but de la vie ne produit, en fin de compte, que souffrance et destruction. L'énergie dépensée à détruire accroît l'infortune collective et égare les masses. A l'inverse, les efforts (1) accomplis pour comprendre qui nous sommes réellement et qui est Dieu ne sont jamais perdus. Ils constituent le seul investissement qui ne s'effondre pas avec le temps, et le moyen le plus sûr d'atteindre le véritable but de l'existence (2).

o   (1) *tapasya, tapaḥ*, efforts, austérités.

o   « *D'entre tous les êtres ayant revêtu en ce monde des corps matériels, ceux qui ont revêtus une forme humaine ne devraient pas peiner jour et nuit en vue du seul plaisir des sens, accessible même aux animaux qui se nourrissent d'excréments (les cochons par ex.). Ils devraient plutôt pratiquer la pénitence et l'austérité (tapaḥ) pour atteindre le niveau divin du service de dévotion. Grâce à cette pratique le cœur se purifie et ils découvrent une vie éternelle durable, pleine de félicité, qui transcende le bonheur matériel.* » *Śrīmad-Bhāgavatam* 5. 5. 1

o   (2) *vāsudeva-paraṁ tapaḥ.* « *Les dures ascèses n'ont d'autre fin que de connaître Vāsudeva.* » *Śrīmad-Bhāgavatam* 1. 2. 29

o   « *Les êtres hantés par le désir de jouir de l'existence matérielle et ayant dès lors accepté pour maître un autre aveugle également attaché aux objets des sens, ne peuvent comprendre que le but de la vie consiste à retourner dans*

leur demeure originelle pour y servir Dieu, Viṣṇu. De même que des aveugles, guidés par un autre aveugle s'écartent du chemin et tombent dans un ravin, les hommes attachés à la vie matérielle qui se laissent guider par d'autres hommes eux aussi d'esprit matérialiste, se voient liés par les cordes très robustes de l'action intéressée et poursuivent sans fin leur existence matérielle, assujettis aux trois formes de souffrances. »
Śrīmad-Bhāgavatam 7. 5. 31

☼ *28 Turbans et couronnes*

Il y a encore quelques siècles, rois et princes arboraient des turbans et des couronnes somptueusement ornés. Ces insignes de pouvoir, chargés d'or et de joyaux, sont devenus au fil du temps de plus en plus difficiles à porter. Les derniers représentants de la royauté ont souvent abusé de leur autorité et se sont enivrés de leurs richesses. Finalement, ils durent abandonner leurs parures en même temps que les royaumes et les empires sur lesquels ils régnaient.

Un turban incrusté de pierres précieuses ou une couronne d'or n'a de valeur que si la tête qui les porte met sa position au service d'une cause supérieure. Toute personne investie d'un statut élevé devra un jour renoncer à ses privilèges et s'incliner devant la mort, qui n'épargne personne. Pire encore, l'opulence matérielle devient un fardeau si lourd qu'elle précipite la chute de celui qui n'en fait pas un usage juste.

Dans tous les pays du monde, l'histoire a vu défiler une multitude d'empires. Nombre de dirigeants ambitieux, ivres de pouvoir, se sont noyés dans le fleuve inexorable du temps, alourdis par le poids de leurs turbans ou de leurs couronnes !

Il n'y a pas de mal à être riche ou puissant. Mais ces avantages n'ont de sens que s'ils sont mis au service du bien ultime de tous, et non au service d'ambitions personnelles et éphémères. Plus encore à l'époque actuelle, où les principes spirituels déclinent, un turban ou une couronne richement décorés ne sont plus que des fardeaux inutiles - semblables à une parure posée sur un cadavre....

o   « *La ferme détermination de servir le Seigneur Suprême avec amour et dévotion ne peut naître dans l'esprit de ceux qui sont trop attachés au plaisir des sens et à la prospérité matérielle, égarés par ces désirs.* »
Bhagavad-gītā 2. 44

o   « *La naissance dans une famille de la haute société ou dans une grande nation, la connaissance des Ecritures révélées, l'accomplissement de pénitences et d'austérités, le chant des mantras védiques ne sont, pour celui qui est dépourvu de service dévotionnel (bhakti), que des ornements sur un cadavre.* » Enseignements de *Śrī Caitanya* à *Rūpa Gosvāmī*.

o   *Caitanya-cāritamṛta, Madhya-līlā* 19. 75 / *Hari-bhakti-suddhodaya* 3. 12

☼ *29 Pourquoi seuls les humains ?*

Les animaux s'adaptent à leur environnement en fonction des besoins propres à leur espèce. Dès que le jour se lève, les oiseaux s'envolent en quête de nourriture. Ils vivent directement des dons de la nature et ne dépendent ni d'usines, ni d'abattoirs, ni d'autoroutes… Par conséquent, à l'exception des dérèglements causés par l'homme, ils ne rencontrent pas de problèmes économiques pour assurer leur subsistance.

La nuit, ces oiseaux dorment paisiblement dans les arbres. Les tigres, les éléphants et tous les animaux sauvages ont également un lieu où dormir, dans les jungles, les forêts ou les prairies. Et lorsque vient le temps de s'accoupler, ils trouvent naturellement le partenaire dont ils ont besoin. Enfin, ils se défendent à l'aide de leurs griffes, de leurs crocs, de leurs becs ou de leurs ongles.

L'être humain appartient à cette même famille du vivant, mais, du fait de ses actes passés, il a reçu la chance de posséder une conscience et un corps plus évolués. Bien qu'il partage avec les autres espèces les quatre nécessités de base (1), pourquoi ne se contente-t-il pas des bienfaits octroyés par la nature ? Pourquoi doit-il travailler si durement pour obtenir ce qui est aisément accessible aux formes de vie moins développées ?

Les êtres humains dits non civilisés, qui vivent dans la jungle, puisent dans la nature comme dans un vaste garde-manger. Ils ne savent pas produire de grandes quantités de nourriture, mais ont appris à s'adapter aux ressources qui sont à leur disposition. Dans les sociétés modernes dites civilisées, l'homme s'acharne au contraire à produire toujours plus de nourriture transformée et de biens de consommation superflus, alors que des aliments simples - céréales, légumineuses, plantes, fruits et légumes variés - suffisent largement à sa subsistance.

Nous devrions nous contenter des bienfaits offerts par la nature, sans nous enchaîner à des machines pour accomplir un travail abrutissant, ni créer des lieux immondes tels que les abattoirs, dont le seul but est de satisfaire une voracité toujours plus insatiable. En cela, nous devrions imiter les animaux sauvages et les peuples dits non civilisés, qui se satisfont de ce qu'ils obtiennent sans effort excessif. Les bienfaits d'une vie simple nous libéreront du temps, afin qu'il soit consacré à notre véritable évolution.

o   (1) Voir ☼ *2 Eveiller ce qui est là* (2)

☼ *30 Création et personne*

Toute chose matérielle qui nous entoure a pour origine une personne. Les objets que nous utilisons dans notre vie quotidienne ne sont pas apparus de rien, d'un vide ou d'une source imaginaire. Derrière toute création existe une intelligence, une conscience et, par conséquent, une personne. Sans cette conscience, rien ne peut être créé, ni maintenu, ni même détruit. Il en est ainsi du monde phénoménal qui nous entoure. A l'origine de celui-ci existe également une conscience.

En tant qu'infimes parties de cette Conscience suprême, nous héritons nous aussi de sa puissance créatrice, en manifestant à notre tour ce pouvoir d'inventer et de fabriquer toutes sortes de choses à partir de l'énergie matérielle. Lorsqu'un savant découvre l'existence d'une loi physique, n'est-il pas surprenant de constater combien il cherche à s'en attribuer la paternité ? Ce pouvoir de créer se décline encore de mille manières, dont la principale - qui nous tient tant à cœur - est le désir de fonder une famille pour en devenir le père ou la mère.

Alors que notre existence dépend des lois de ce monde, celle de Dieu n'y est pas assujettie, car c'est Lui qui en tire les ficelles, tel un habile marionnettiste. Par l'intermédiaire de Ses différentes énergies, manifestations de Sa puissance (1), Il crée l'univers et le maintient en fonctionnement (2). À la différence de nous, Il est suprêmement indépendant (3) et n'est contrôlé par personne (4).

Un chef d'Etat peut décider de visiter une prison. Cela ne signifie pas pour autant qu'il soit soumis aux lois et aux règles imposées aux détenus. De la même manière, lorsque la Puissance créatrice originelle désire venir personnellement en ce monde, Elle le fait par l'intermédiaire de Sa puissance interne (5) qui lui permet d'agir à Sa guise. Elle n'est pas contrainte, comme nous, de revêtir un corps mortel ni de subir l'influence de *māyā*, l'énergie d'illusion !

o   (1) « *Cet univers, Je le pénètre dans Ma forme non manifestée. Tous les êtres sont en Moi, mais Je ne suis pas en eux.* » *Bhagavad-gītā* 9. 4

o (2) « *Des mondes spirituels et matériels Je suis la source, de Moi tout émane. Les sages qui connaissent parfaitement cette vérité Me servent et M'adorent de tout leur cœur.* » *Bhagavad-gītā* 10. 8

o (3) *svarāt*, pleinement indépendant. Voir *Śrīmad-Bhāgavatam* 1. 1. 1

o (4) *īśvaraḥ paramaḥ kṛṣṇaḥ. « Le contrôleur suprême est Kṛṣṇa. »* *Brahma-saṁhitā* 5. 1

o (5) *sambhavāmy ātma-māyayā. « Je M'incarne grâce à Mon énergie interne. »* *Bhagavad-gītā* 4. 6

   « *Il existe cependant une autre nature non manifestée, qui est éternelle et se situe au-delà des états manifesté et non manifesté de la matière. Indestructible et suprême, elle demeure intacte, quand tout en l'univers matériel est dissous.* » *Bhagavad-gītā* 8. 20

☼ *31 Mâcher le déjà mâché*

Un morceau de canne à sucre que l'on suce est doux et délicieusement sucré. Mais sa saveur ne dure pas. Au bout d'un moment, avant même que le goût ne disparaisse et ne devienne désagréable, il faut le jeter. Qui voudrait reprendre ce qui a été mâché puis jeté pour le mâcher de nouveau ? Et pourtant, c'est exactement ce que fait celui qui échoue à maîtriser ses sens, en se laissant captiver sans fin par leurs objets. Il ne fait que mâcher encore et encore ce qui a déjà été mâché (1), jusqu'à ce qu'il ne reste plus que le goût de l'amertume et de la souffrance.

Avez-vous remarqué qu'une vie entière passée à accumuler de l'argent et à courir après tous les plaisirs du monde, sans jamais en être rassasié, ne suffit pas à l'homme prisonnier de ses désirs ? Pire encore, n'osant avouer sa défaite et son incapacité à maîtriser ses sens, il incite sa descendance à l'imiter dans cette quête absurde de l'éphémère...

En réalité, lorsqu'ils sont constamment sollicités, les sens épuisent rapidement le corps, le condamnant prématurément à la maladie, à la folie et à la décrépitude... Lorsque les plaisirs des sens disparaissent, l'addiction qu'ils procuraient laisse place à la frustration et à la souffrance. Finalement, l'homme devra s'avouer vaincu, tel l'avare qui s'est fait dérober son trésor et à qui il ne reste plus que le cruel regret de ne pas en avoir fait bon usage tant qu'il en était encore temps.

Celui qui n'a pas développé d'attrait pour les activités transcendantales de l'âme cherche inutilement à accroître les exigences liées au corps. Ce faisant, il demeure prisonnier de l'illusion. Ce n'est que lorsqu'il fait l'expérience d'une satisfaction supérieure, dans l'union avec le divin, que la fièvre causée par l'attachement aux plaisirs matériels peut enfin décroître et s'estomper.

On ne peut prétendre suivre simultanément deux voies opposées sans se tromper soi-même ni tromper autrui. Aucun véritable progrès ne peut être accompli sans la ferme détermination de renoncer à mâcher le déjà mâché.

- (1) *« Du fait qu'ils ne sont pas maîtres de leurs sens, ceux qui sont exagérément attachés à l'existence matérielle marchent vers des conditions de vie infernales et mâchent sans fin ce qui a déjà été mâché. Jamais ils ne développent en eux une attirance pour Kṛṣṇa, que ce soit à la faveur d'enseignements reçus d'autrui, par leurs propres efforts ou par une combinaison des deux. »* Enseignements de *Prahlāda Mahārāja* à *Hiraṇyakaśipu. Śrīmad-Bhāgavatam* 7. 5. 31
- *« Même si elle restreint ses jouissances sensorielles, l'âme incarnée conserve un attrait pour les objets des sens. Toutefois, qu'elle goûte quelque chose de supérieur et elle mettra fin à ses vains plaisirs, la conscience fixée au niveau spirituel. » Bhagavad-gītā* 2. 59

☼ *32 L'eau boueuse*

L'eau qui tombe du ciel sous forme de pluie est une eau pure, distillée. Pourtant, dès qu'elle touche le sol, elle devient trouble et se charge d'impuretés. Lorsqu'elle vient en ce monde, l'âme subit une transformation semblable au contact des objets des sens. De même que la qualité de l'eau est altérée par son contact avec le sol, notre conscience se trouve recouverte et « polluée » par les innombrables couches de l'ego matériel, qui masquent notre véritable identité.

Nous sommes en réalité d'infimes parcelles de l'Etre Suprême et nous possédons en partie Ses qualités (1). De la même manière qu'un enfant est « une partie » de son père, nous sommes une partie intégrante de Lui. Aveuglés par notre envie insatiable de dominer le monde, nous avons oublié d'où nous venons, ainsi que la possibilité qu'offre la forme humaine de rétablir cette relation.

o   (1) *« Les êtres, en ce monde matériel sont des fragments éternels de Ma Personne. Mais parce qu'ils sont conditionnés, ils luttent avec acharnement contre les six sens et parmi eux, le mental. » Bhagavad-gītā* 15. 7

☼ *33 Du char à bœuf à l'automobile*

Un certain progrès matériel est nécessaire, mais peut-il être un but en soi ? Le confort qu'il procure est en réalité la source de nombreux inconvénients. Prenons l'exemple de l'automobile. Sa fonction première est de permettre de se déplacer d'un endroit à un autre. Et pourtant, en inventant l'automobile, l'homme a aussi engendré des milliers de morts et de blessés par accident. Il a défiguré les paysages par la prolifération des routes, créé des nuisances sonores, accru la pollution, favorisé le pillage des ressources, déshumanisé son espace de vie, et contraint des millions d'êtres humains à un travail acharné pour obtenir ce privilège, sans compter les conflits liés au pétrole.

Est-ce là le véritable progrès ? Plus la civilisation matérialiste se développe, plus elle éloigne l'homme d'un idéal de vie simple, propice à son épanouissement. Pourquoi avons-nous reçu cette forme de vie hautement développée, qui domine toutes les autres par l'intelligence ? Pour nous permettre de comprendre qui nous sommes, qui est Dieu - et certainement pas pour accroître indéfiniment notre confort en inventant toujours de nouveaux moyens de déplacement…

La science matérialiste nous entraîne dans une impasse, car elle a fait du développement économique le principal critère d'évolution de la société. Comment l'homme en est-il arrivé à gaspiller le joyau de sa conscience et ses qualités les plus nobles pour concevoir et produire toujours plus d'automobiles ? Comment peut-il se croire plus civilisé et qualifier de « progrès » une invention qui consiste simplement à passer du char à bœuf à l'automobile ?

○ « *Les êtres hantés par le désir de jouir de l'existence matérielle et ayant dès lors accepté pour maître un autre aveugle également attaché aux objets des sens, ne peuvent comprendre que le but de la vie consiste à retourner dans leur demeure originelle pour y servir Dieu, Viṣṇu. De même que des aveugles, guidés par un autre aveugle s'écartent du chemin et tombent dans un ravin, les hommes attachés à la vie matérielle qui se laissent guider par d'autres hommes eux aussi d'esprit matérialiste, se voient liés par les cordes très robustes de l'action intéressée et poursuivent sans fin leur existence matérielle, assujettis aux trois formes de souffrances.* »
Śrīmad-Bhāgavatam 7. 5. 31

☼ *34 Création et destruction*

Lorsque vous cultivez un champ, c'est pour y semer des graines et les voir, un jour, fructifier. Pour cela, vous devez nécessairement écarter - voire détruire - les plantes indésirables afin de laisser aux semis l'espace et la lumière nécessaires à leur croissance. Depuis que ce monde existe, création et destruction sont ainsi deux aspects indissociables de la vie. L'un ne peut exister sans l'autre ; tous deux sont des manifestations d'une même énergie originelle.

L'Absolu possède de multiples énergies (1). Chaque fois que nous agissons, nous n'en percevons généralement que l'aspect le plus visible, le plus immédiat. L'étape suivante consiste à réaliser que tout ce qui nous entoure est en relation avec Lui, car en réalité, rien n'est séparé de Lui. Développer une telle conscience permet d'utiliser au mieux nos facultés - notamment notre intelligence - en la reliant à l'Intelligence Suprême dont elle procède.

Dieu ne peut être enfermé dans une représentation mentale, comme s'Il était un simple concept philosophique, créé ou défini une fois pour toutes. L'Absolu est une personne, comme vous et moi, mais Il est la Personne suprême. Il est également une force dynamique qui pénètre toute chose par l'action de Ses multiples énergies. De la même manière que nous interagissons avec notre environnement, Il imprègne ce monde, le soutient, le crée et le détruit selon Sa volonté.

o   (1) *parāsya śaktir vividhaiva śrūyate. « Le Seigneur Suprême possède de multiples puissances qui agissent de façon si parfaite qu'Il dirige par le pouvoir de Sa seule volonté tout ce qui est conscience, force et action. » Śvetāśvatara Upaniṣad 6. 8*

☼ *35 Nager comme un poisson*

Les hommes prennent beaucoup de plaisir à surfer sur les vagues de l'océan, mais les êtres aquatiques sont bien plus habiles qu'eux à ce jeu. Ceux qui passent leur temps à imiter les poissons pourraient fort bien, dans une prochaine vie, obtenir un corps plus adapté à cette activité et évoluer alors en toute liberté dans les mers et les océans…

Il existe une immense variété d'êtres vivants afin que l'âme puisse progresser d'une espèce à l'autre jusqu'à obtenir la forme humaine (1). Mère nature choisit, parmi huit millions quatre cent mille formes de vie, le corps le mieux adapté non seulement à l'évolution, mais aussi au karma et à la disposition mentale de chacun. Pourtant, l'homme n'est pas à l'abri de replonger dans ce cycle… Celui qui rêvait de nager sans contrainte pourra se voir attribuer le corps d'un poisson ; celui qui prenait plaisir à se repaître de chair fraîche pourra revêtir celui d'un tigre… Dans sa grande générosité, la nature est prête à satisfaire nos moindres penchants !

De la même manière, si nous aspirons à développer un corps spirituel semblable à celui de Dieu, afin de pouvoir échanger avec Lui de doux sentiments d'amour (2), cette possibilité nous est également offerte. Nous n'aurons alors plus besoin d'expérimenter les formes de jouissance par lesquelles nous sommes passés au cours de nos vies antérieures (3).

o   (1) L'évolution selon le *Viṣṇu Purāṇa* :
Qu'ils soient humains ou animaux, les corps des êtres vivants changent d'apparence d'une vie à l'autre, selon la forme de jouissance convoitée. L'âme transmigre d'un corps à un autre à travers le cycle d'évolution des espèces : des formes aquatiques (à l'époque où la terre était recouverte par les eaux) aux formes végétales ; des végétaux aux reptiles, puis aux oiseaux, aux mammifères terrestres, pour finalement obtenir la forme humaine. Lorsque, dans cette forme, l'être vivant acquiert la connaissance spirituelle parfaite, on le considère comme ayant atteint le plus haut degré d'évolution.

La nature pourvoit à chacun le corps qui lui convient. Les huit millions quatre cent mille espèces vivantes, dont fait partie l'être humain, sont répertoriées ainsi :
. 900 000 espèces aquatiques
. 2 000 000 d'êtres immobiles, tels que les arbres et les plantes
. 1 100 000 espèces d'insectes et de reptiles
. 1 000 000 espèces d'oiseaux
. 3 000 000 espèces d'animaux terrestres
. 400 000 espèces humaines (au sommet desquelles se trouvent les hommes dont la conscience spirituelle est la plus développée).
Voir les enseignements de *Śrī Kapila* sur le service de dévotion. *Śrīmad-Bhāgavatam* 3. 29. 28-32

o   (2) *rasas*, ou relations transcendantales, au nombre de cinq.
Voir ☼ *26 Aimer* (1)

o   (3) *« Après de nombreuses renaissances, on obtient cette forme humaine rare qui, bien que temporaire, offre la possibilité d'atteindre la plus haute perfection. Ainsi, l'être sobre devrait, sans perdre de temps, s'efforcer d'atteindre la perfection ultime de la vie tant que son corps, dont l'existence est constamment menacée, n'est pas tombé et n'est pas mort. Après tout, le plaisir des sens est disponible dans les espèces de vie les plus diverses. »*
Śrīmad-Bhāgavatam 11. 9. 29

☼ *36 La véritable forme de l'être*

Notre apparence physique, la forme que nous occupons momentanément, n'est pas notre véritable identité. Notre forme réelle est spirituelle ; elle se trouve « à l'intérieur » du corps. Celui-ci est comparable à un vêtement. Or, tout vêtement est conçu à partir d'un modèle. Si une chemise ou un pantalon possède des manches, c'est parce que le corps a des bras et des jambes. De la même manière, si le corps possède une forme définie, c'est parce que l'âme elle-même possède une forme.

Comprenons-le bien : nous ne sommes ni le manteau ni la chemise. C'est à partir de notre forme spirituelle, présente dans le corps, que se développent deux bras, deux jambes, une tête, etc. Le corps n'est que le « vêtement », l'enveloppe extérieure de l'âme.

Parce que leur compréhension est limitée, certaines personnes, fascinées par l'immensité de la manifestation cosmique, peinent à concevoir qu'une personne puisse être à l'origine de cette forme universelle. Pourtant, de la même façon qu'elles sont elles-mêmes à l'origine de leur propre apparence corporelle, une Personne Suprême est à l'origine de la forme cosmique.

Il existe une différence entre l'étincelle et le feu, bien qu'ils soient de même nature. L'étincelle peut brûler, mais à une échelle infinitésimale comparée au brasier. Telle est la différence entre Dieu et l'être distinct. Dieu est infini, et nous sommes infimes, bien que qualitativement de même nature que Lui. Nous possédons Ses qualités, mais en proportion limitée.

Par imitation de la puissance créatrice divine, l'homme s'ingénie - au prix d'efforts considérables et pour un temps très limité - à faire flotter dans le ciel des avions et des fusées. De Son côté, l'Intelligence Suprême maintient et déplace dans l'espace d'immenses planètes, telles que le soleil et la lune, et ce depuis l'origine de l'univers… En comparaison, la capacité créatrice de l'homme demeure dérisoire.

On ne peut pas « devenir Dieu » par quelques tours de magie. Les enfants imitent parfois leurs parents avec des jouets, mais lorsque le jeu prend fin, ils retrouvent naturellement leur position subordonnée. De la même façon, l'homme se prend pour le Créateur suprême. Sa véritable position - infime par rapport au Tout - lui est révélée lorsqu'il sort de l'illusion et commence par comprendre sa véritable identité (1).

o　　(1) *ahaṁ brahmāsmi* : cet aphorisme védique signifie littéralement « Je suis *Brahman* ». Les écoles impersonnalistes l'interprètent comme « Je suis Dieu ». Toutefois, son sens véritable est : « Je suis esprit, je suis de nature spirituelle ». Le « je » (*ahaṁ*) désigne l'âme individuelle, qui est une partie infime et consciente du *Parabrahman*, le *Brahman* suprême.

☼ *37 La chose la plus étonnante au monde*

Les marchands de rêves existent depuis aussi longtemps que les hommes cherchent à être trompés. Motivés par le profit, le pouvoir qu'ils exercent sur les esprits crédules et leur soif de renommée, ils font croire à leurs adeptes qu'il est possible de gagner le paradis sans fournir le moindre effort et, surtout, sans rien changer à leurs habitudes. En promettant le royaume de Dieu sans Dieu, ils attirent forcément de nombreux candidats… Comme s'il suffisait de quelques exercices de yoga et de vivre « le plus paisiblement possible » pour goûter à la félicité suprême !

Nous aspirons tous au bonheur, mais, en réalité, quels que soient nos efforts, il ne dure jamais. Il y a cinq mille ans, l'empereur *Parīkṣit* régnait sur un vaste empire dont la capitale était *Hastināpura* (1). Il possédait tout ce que l'on associe ordinairement au bonheur, jusqu'au jour où il apprit qu'il ne lui restait plus que sept jours à vivre… Bien qu'il fût encore jeune, il abandonna aussitôt ses obligations royales et se mit en quête de ce qui incombe à celui qui va mourir. Sur les rives du Gange, il rencontra un être pleinement réalisé (2) auprès duquel il écouta, durant sept jours, tout en jeûnant, l'enseignement connu sous le nom de *Śrīmad-Bhāgavatam* (3).

Comment ce jeune homme trouva-t-il la force de caractère nécessaire pour accepter son destin et prendre une décision aussi radicale ? Les êtres ordinaires que nous sommes n'ont pas une telle détermination. Nous vivons comme si notre existence devait encore durer, non pas sept jours, mais sept millions d'années… Nous passons l'essentiel de notre temps à travailler et, lorsque nous disposons enfin de quelques instants de liberté, nous les consacrons à des occupations futiles !

La chose la plus étonnante au monde est que nous voyons continuellement les gens mourir autour de nous, et pourtant nous continuons à vivre comme si nous n'étions pas concernés (4) ! Lorsqu'un deuil survient dans notre entourage, il nous arrive de réfléchir brièvement à la mort, mais une fois la parenthèse refermée, nos préoccupations quotidiennes reprennent le dessus.

Nous devrions pourtant être plus motivés que l'empereur *Parīkṣit*. Lui savait qu'il lui restait encore sept jours à vivre. Qui, parmi nous, peut être certain de vivre encore sept minutes ou sept heures ? Le cœur peut s'arrêter sans prévenir. Un accident peut survenir à tout moment...

Combien de personnes meurent à chaque seconde ? Et combien d'entre elles s'attendaient à vivre leur dernier instant ? Un ancien dicton définit la perfection morale ainsi : vivre chaque jour comme si c'était le dernier. Posons-nous honnêtement la question : « Si ce jour était le dernier de ma vie, ferais-je ce que je suis en train de faire maintenant ? » Gardant cette vérité à l'esprit, suivons l'exemple de *Mahārāja Parīkṣit*. Efforçons-nous de rechercher les paroles qui ont le pouvoir de raviver notre nature spirituelle et de nous affranchir de la mort.

Nous ignorons quand viendra l'instant fatal ; alors pourquoi gaspiller le temps qu'il nous reste ? Cette forme humaine, dotée d'une conscience développée, n'est obtenue qu'au terme de nombreuses renaissances, après un long processus d'évolution (5).

Lorsqu'un danger est imminent, il est toujours possible de réveiller quelqu'un qui dort, même profondément. Mais jamais on ne pourra réveiller celui qui fait semblant de dormir, celui qui choisit *māyā*, l'illusion, plutôt que la réalité. Il ressemble au lièvre qui, face au prédateur prêt à l'attaquer, se contente de fermer les yeux pour le faire disparaître...

En définitive, c'est l'ignorance de notre véritable nature qui nous fait croire que la vie peut être « un long fleuve tranquille », alors que la mort frappe à chaque instant autour de nous. Voilà bien la chose la plus étonnante au monde !

o   (1) *Hastināpura*, ancienne capitale du monde. Aujourd'hui Delhi, en Inde.
o   (2) *Śukadeva Gosvāmī*, voir Glossaire.
o   (3) *Śrīmad-Bhāgavatam* ou *Bhāgavat Purāṇa*. Considéré comme « le fruit mûr de l'arbre du savoir védique », ce *Purāṇa* fut mis par écrit par *Śrī Vyāsadeva* il y a 5000 ans. Il relate les divertissements éternels de *Kṛṣṇa* et de Ses purs dévots et constitue le commentaire originel du *Vedānta-sūtra*.

- (4) Réponse de *Yudhiṣṭhira* à *Dharmarāja*, qui lui demande ce qu'est la chose la plus étonnante au monde. *Mahābhārata Vana-parva* 313. 116
- (5) « *Après de nombreuses renaissances, on obtient cette forme humaine rare qui, bien que temporaire, offre la possibilité d'atteindre la plus haute perfection. Ainsi, l'être sobre devrait, sans perdre de temps, s'efforcer d'atteindre la perfection ultime de la vie tant que son corps, dont l'existence est constamment menacée, n'est pas tombé et n'est pas mort. Après tout, le plaisir des sens est disponible dans les espèces de vie les plus diverses.* » *Śrīmad-Bhāgavatam* 11. 9. 29
- « *Pendant que la mort semble éloignée, que vous êtes encore en bonne santé et maître de votre corps, efforcez-vous de sauver votre âme. Si vous attendez la dernière heure, que pourrez-vous faire ?* » *Cāṇakya Paṇḍita. Nīti-śāstra* 4. 4

☼ *38 Transcender les lois*

Quel que soit le pays où l'on vit, la liberté individuelle a toujours ses limites. Dans toutes les sociétés, les hommes ont établi des lois civiles, mais aussi des lois criminelles, plus sévères encore pour ceux qui les transgressent. De la même façon, la nature matérielle impose à toute forme de vie ses propres lois - la naissance, la maladie, la vieillesse et la mort (1). Tenter de s'en affranchir par ses propres moyens est une entreprise vouée à l'échec.

Une puissance d'illusion (2) maintient l'être vivant sous son emprise. Dès la naissance, son influence s'exerce de deux manières. D'une part, elle place l'âme dans la forme d'existence qui lui permet de satisfaire ses désirs (3). D'autre part, elle recouvre son véritable savoir (4), de sorte qu'elle s'identifie pleinement au corps qu'elle a revêtu. Ainsi, un animal suit l'instinct propre à son espèce et cherche simplement à vivre comme ses semblables. Il souffre sans savoir pourquoi et, par conséquent, ne tente jamais d'échapper à son conditionnement.

Parmi les êtres humains, rares sont ceux qui aspirent sincèrement à se libérer de l'illusion. Et lorsqu'un individu s'y efforce malgré tout, le rôle de celle-ci est d'éprouver sa détermination en lui soufflant à l'oreille : « Tu n'y arriveras pas. C'est trop difficile. Mieux vaut abandonner et profiter de la vie... » Car, en bonne gardienne de prison, *māyā* ne libère pas facilement un détenu de sa geôle !

Māyā devi accomplit une tâche ingrate, comparable à celle de la police. Sans forces de l'ordre, les bandits et les criminels pulluleraient. Hormis ceux qui défient les lois, chacun reconnaît que la police n'est l'ennemie de personne. Pourtant, lorsqu'un malfaiteur est arrêté, menotté, jeté en prison, et parfois frappé, il ne félicite jamais ceux qui l'ont appréhendé... Et cependant, leur rôle est indispensable.

De la même manière, *māyā* est au service de l'Autorité suprême. Sa fonction est de châtier ceux qui défient les lois de la nature. Tant que l'être humain ne réalise pas la précarité de sa situation, elle le maintient prisonnier et le « frappe » de multiples façons.

À la racine même de l'existence conditionnée se trouve un nœud particulièrement difficile à dénouer : l'attrait sexuel (5). C'est par l'arme du souvenir du Seigneur que l'on peut trancher ce lien puissant, celui qui nous attache aux actes intéressés et aux chaînes de leurs conséquences (6).

- (1) *janma-mṛtyu-jarā-vyādhi. Bhagavad-gītā* 13. 9
- (2) *māyā*
- (3) *prakṣepātmikā-śakti* : l'âme est projetée dans une forme d'existence déterminée par ses actes passés.
- (4) *āvaraṇātmikā-śakti* : la connaissance véritable de l'âme se trouve recouverte.
- (5) *hṛdaya-granthi*, le nœud dans le cœur.
  « *L'attrait entre mâle et femelle constitue le principe fondamental de l'existence matérielle. Sur la base de cette conception erronée qui enchaîne les cœurs, l'être développe une attirance pour son corps, son foyer, ses terres, ses enfants, ses proches et ses possessions. Il accroît ainsi son illusion, pour ne plus penser qu'en fonction du « moi » et du « mien (janasya moho 'yam ahaṁ mameti).* » Enseignements de *Ṛṣabhadeva* à ses fils. *Śrīmad-Bhāgavatam* 5. 5. 8
- Le monde matériel est appelé *maithuṇya-āgāra* : « les chaînes de la vie sexuelle ». Commentaire *Bhagavad-gītā telle qu'elle est* 3. 39
- (6) « *Armé du souvenir du Seigneur, l'homme d'intelligence peut trancher l'entrelacs de nœuds créés par les actions matérielles et leurs suites.* » *Śrīmad-Bhāgavatam* 1. 2. 15

☼ *39 Notre pain quotidien*

Pourquoi prier Dieu pour demander « notre pain quotidien » ? Le gîte et la nourriture ne sont-ils pas accessibles à toutes les formes de vie ? Observons les animaux. Ils n'exercent pas de profession, ne possèdent pas d'usines pour produire ce dont ils ont besoin. Ils dépendent des dons de la nature. Les éléphants, par exemple, mangent chaque jour des centaines de kilos de nourriture… Qui nourrit ces géants dans la savane ou la jungle (1) ?

Supposons qu'un roi, satisfait du service rendu par l'un de ses sujets, lui annonce : « Demande-moi ce que tu veux, je te l'accorderai. » Que penser de celui qui répondrait : « Sire, je voudrais… un morceau de pain, rien qu'un bout de pain… » ? Si j'avais la chance d'être dans une telle situation, ma prière devrait plutôt être : « Votre majesté, donnez-moi, s'il vous plaît, de quoi ne plus jamais souffrir de la faim ! »

Certes, celui qui se contente de quémander un simple morceau de pain n'est pas très perspicace… Mais malgré tout, il vaut mieux s'adresser à Dieu, même pour obtenir un bienfait matériel, que de compter uniquement sur le développement économique. Lorsqu'elle est sincère, la piété est toujours préférable à l'athéisme, car la personne dans le besoin reconnaît au moins l'existence de la Providence. Là où se trouvent nos pensées se trouve notre cœur. Chacun reçoit donc, selon son attitude, ce qu'il mérite (2).

Il existe des milliers d'espèces (3) dans lesquelles chaque être vivant trouve sa nourriture, un refuge, un partenaire et les moyens de défense propres à sa survie (4). La planète est assez vaste pour subvenir aux besoins de tous. Mais lorsque l'homme néglige son devoir envers l'Éternel, la satisfaction de ses besoins les plus élémentaires, comme boire et manger, devient un problème majeur et une source de conflits graves (5).

o   (1) « *D'entre tous les êtres éternels, il est un Être éternel primordial, suprême et unique soutien de toute vie.* » Kaṭha Upaniṣad 2. 2. 13

- (2) « *Quoi qu'ils fassent, tous suivent Ma voie et selon qu'ils s'abandonnent à Moi, en proportion Je les récompense.* » Bhagavad-gītā 4. 11
  « *Quatre sortes d'hommes pieux viennent à Me servir avec dévotion : le malheureux, le curieux, celui qui poursuit la richesse et celui qui cherche à connaître l'Absolu.* » Bhagavad-gītā 7. 16

- (3) Voir « l'évolution selon le *Viṣṇu Purāṇa* » ☼ **35 Nager comme un poisson** (1)

- (4) Les quatre nécessités primordiales. Voir ☼ **2 Eveiller ce qui est là** (2)

- (5) « *Les occupations, les devoirs de l'homme, accomplis par chacun selon sa position, sont autant d'efforts inutiles, s'ils ne suscitent en lui un attrait pour le message du Seigneur Suprême.* » Śrīmad-Bhāgavatam 1. 2. 8

☼ *40 La valeur des écrits*

Toute science possède ses écrits de référence. En botanique, des ouvrages décrivent chaque arbre et chaque plante avec précision : leurs dimensions, la forme de leurs feuilles, leurs fleurs, leurs fruits. En chimie, les propriétés des substances sont consignées dans des livres détaillant leur composition, leurs réactions, leurs effets. Aucun savoir sérieux ne se transmet sans textes reconnus sur lesquels s'appuient les spécialistes.

Il n'y a donc rien d'étonnant à ce que la connaissance de soi et de l'Absolu fasse elle aussi l'objet d'écrits précis. La spiritualité est une science à part entière, avec ses lois, ses critères et ses méthodes. Comment, sans ces repères, distinguer un maître authentique d'un imposteur, démasquer ceux qui se prétendent prophètes ou même Dieu ? Ces textes ont précisément pour but de nous éclairer, car notre jugement personnel, limité et influençable, ne suffit pas à déterminer le vrai du faux et mettre à l'épreuve les imposteurs.

Nul ne devrait être reconnu comme une manifestation divine sans posséder dans leur totalité les six excellences (1). Les charlatans qui se proclament Dieu préfèrent quant à eux exhiber quelques tours d'illusion, interpréter les textes à leur convenance, ou rejeter toute autorité scripturaire afin de mettre en avant leurs propres théories. Ils trouvent toujours une foule d'adorateurs crédules prêts à les acclamer…

Aucune information ne devrait être acceptée aveuglément, et plus encore lorsqu'il s'agit de la connaissance essentielle. Un maître authentique doit posséder un savoir profond et la réalisation de ce savoir. Pourquoi accepter comme guide quelqu'un qui ne se réfère à aucune source reconnue et qui n'a rien appris d'un maître antérieur ? Un enseignant qualifié s'inscrit dans une lignée, s'appuie sur des écrits éprouvés et marche dans les traces de ceux qui ont parcouru ce chemin avant lui. Il n'invente rien. Jamais vous ne l'entendrez dire : « Je pense que… », « Je crois que… », « Il me semble que… » (2)

Il existe pourtant une méthode accessible à tous : l'écoute attentive. Apprendre, c'est écouter, observer et expérimenter. Nul besoin de diplômes ou de qualifications particulières. Si vous ne savez pas lire, qu'importe : vous pouvez écouter. La nature vous a donné des oreilles, servez-vous-en. Et si vous savez lire, alors plongez-vous dans les écrits transmis et recommandés par ces maîtres.

Vous reconnaîtrez ce message et vous reconnaîtrez ces personnes, car elles parlent exclusivement de la science de l'âme. Ici, point de faiseurs de miracles ni de promesses spectaculaires. Si votre démarche est sincère, vous goûterez aux fruits de ce savoir. Progressivement, vous délaisserez ce qui nuit à votre élévation, et en proportion vous ferez l'expérience d'une joie profonde et d'une satisfaction durable. Ces critères suffisent pour juger, concrètement, de la valeur de ces enseignements.

o   (1) *Bhagavān* désigne celui qui possède sans limite les six excellences, *sad-aiśvarya pūrṇaḥ* : beauté, richesse, renommée, puissance, sagesse et renoncement. *Viṣṇu Purāṇa* 6. 5. 47.
Il y a par exemple beaucoup de gens riches, puissants, beaux, célèbres, érudits ou détachés, mais, à part *Bhagavān*, Dieu, nul ne possède intégralement et de façon illimité, l'ensemble de ces six attributs.

o   (2) *« Toute personne désirant sérieusement le vrai bonheur doit rechercher un maître spirituel authentique et prendre refuge de lui par le processus de l'initiation. La qualification du maître spirituel est qu'il a réalisé les conclusions des Ecritures par délibération approfondie et qu'il peut convaincre autrui de ces conclusions. On doit voir comme des maîtres spirituels authentiques les grandes personnalités qui ont pris refuge du Seigneur Suprême sans tenir compte de la moindre considération matérielle. On ne peut devenir guru par la simple acquisition de l'érudition matérielle. »* *Śrīmad-Bhāgavatam* 11. 3. 21

☼ *41 Voir une montagne*

Les différentes voies du yoga sont autant de moyens offerts à l'homme pour se relier au Suprême. Selon la voie d'élévation choisie et le degré de réalisation atteint, il existe trois phases ou trois façons de percevoir la Vérité Absolue. Cela revient à contempler un même objet depuis différentes distances.

Lorsqu'on aperçoit une montagne de très loin, elle apparaît bleutée, presque irréelle, et ses contours restent flous. En s'en approchant, sa forme devient plus précise : on distingue ses reliefs, sa végétation, ses pentes et ses vallées. Enfin, lorsqu'on atteint cette montagne et qu'on y pénètre, on découvre la vie qui l'anime : les forêts, les rivières, les animaux, les villages et les hommes qui l'habitent. La montagne est pourtant restée la même ; seule la position de l'observateur a changé.

De la même façon, la Vérité Absolue se révèle selon trois niveaux de réalisation. Vue de loin, Elle est perçue comme le *Brahman* impersonnel, l'océan de conscience spirituelle sans forme ni distinction. Approchée davantage, Elle se manifeste comme le *Paramātmā*, l'Âme Suprême localisée, présente dans le cœur de chaque être et au cœur de l'univers. Enfin, pleinement réalisée, Elle se révèle comme *Bhagavān*, la Personne Suprême, source du *Brahman* et du *Paramātmā*, et forme ultime de la réalisation spirituelle.

o *« Les doctes et sages spiritualistes qui connaissent la Vérité Absolue nomment cette substance unique, au-delà de toute dualité, du nom de Brahman, Paramātmā ou Bhagavān. »* Śrīmad-Bhāgavatam 1. 2. 11

☼ *42 Percevoir l'âme*

L'énergie de l'astre solaire se manifeste par la radiance qui en émane. Si l'on examine cette lumière d'un point de vue scientifique, elle nous paraît, à première vue, homogène. Pourtant, une observation plus fine révèle qu'elle est composée d'innombrables particules lumineuses en interaction. De la même façon, les innombrables êtres vivants, infimes parcelles de Dieu, constituent l'énergie divine, omniprésente et diffuse (1).

Il n'est pas possible de percevoir directement l'âme à l'aide de nos yeux ou de nos sens physiques grossiers, mais cela ne signifie en aucun cas qu'elle n'existe pas. De nombreux éléments échappent à notre perception sensorielle - comme l'air, les ondes radio ou même le son - et pourtant, leur existence ne fait aucun doute.

Le *jīvātmā*, l'âme individuelle, est décrite comme étant de dimension infinitésimale, atomique (2). Sa présence se manifeste par la conscience elle-même. Nous ne voyons pas le vent, mais le mouvement des feuilles dans les arbres atteste de son passage. De la même manière, la conscience témoigne de l'existence de l'âme dans le corps.

L'homme est très fier de pouvoir observer la matière à des échelles toujours plus petites grâce à des instruments de plus en plus sophistiqués. Pourtant, aucun appareil, aussi perfectionné soit-il, ne permet de percevoir l'âme infinitésimale… N'oublions pas que tous les outils créés par l'homme sont conçus à partir de ses sens imparfaits, et héritent nécessairement de leurs limites.

Dès lors, si l'âme individuelle - décrite dans les Écritures comme une pure merveille (3) - échappe à toute perception matérielle, comment pourrions-nous voir, par ces mêmes moyens, la forme tout aussi merveilleuse de l'Âme Suprême (4) ? La spiritualité est précisément la science qui permet, grâce à l'instrument le plus subtil qui soit - la conscience purifiée - de nous percevoir tels que nous sommes réellement et de reconnaître la réalité spirituelle partout présente.

o (1) *« Les êtres, en ce monde matériel sont des fragments éternels de Ma Personne. » Bhagavad-gītā 15. 7*

o (2) *« Si l'on sépare la pointe d'un cheveu en cent parties qu'on divise à leur tour en cent autres parties, la dix millième partie ainsi obtenue correspond à la dimension de l'être vivant. Tel est le jugement unanime des principaux mantras védiques. » Śvetāśvatara Upaniṣad 5. 9*

o (3) *« Certains voient en l'âme un phénomène prodigieux ; d'autres en parlent comme d'une étonnante merveille ; d'autres encore en entendent parler comme d'une chose incroyable. Il en est cependant qui, même après en avoir entendu parler, ne peuvent la comprendre. » Bhagavad-gītā 2. 29*

o (4) *Paramātmā, l'Âme Suprême, aussi appelée antaryāmi, ou caitya-guru.*

☼ *43 Eau ou glace*

Dans la majeure partie du monde, l'eau se présente naturellement sous sa forme liquide. C'est ainsi que nous la connaissons, l'apprécions et l'utilisons, car notre propre corps est en grande partie constitué d'eau. Nous en avons besoin pour boire, pour nous laver, pour vivre tout simplement. Aucun être humain ne peut s'en passer. Pourtant, sous l'effet du froid, l'eau peut geler et devenir dure ; cet état n'est pas celui que nous lui connaissons, car sa nature première demeure la liquidité.

Vivre comme si Dieu n'existait pas revient à considérer que la glace serait l'état normal de l'eau, alors qu'il ne s'agit que d'une condition passagère. Il en va de même pour l'âme individuelle lorsqu'elle séjourne dans le monde des conditions. Pour goûter au bonheur durable et sans limite auquel elle aspire, elle doit retrouver les caractéristiques originelles qui sont les siennes.

Ayant oublié la source d'amour dont elle émane, l'âme s'identifie à sa condition temporaire et à son ego matériel. Elle fait alors l'expérience de l'insatisfaction et de la frustration, prisonnière du cycle des morts et des renaissances. Mais de même que la glace retrouve son état naturel de liquidité au contact d'une source de chaleur, le feu de la connaissance pure et transcendantale possède le pouvoir de faire fondre cette enveloppe dure et gelée, laissant réapparaître les qualités douces et lumineuses de l'âme.

o *« Plongé dans l'oubli de Kṛṣṇa, l'être vivant s'est laissé séduire par Son énergie externe depuis des temps immémoriaux. Voilà pourquoi māyā, l'énergie illusoire, lui fait subir toutes sortes de souffrances en ce monde. »* *Caitanya-caritāmṛta, Madhya-līlā* 20. 117

☼ *44 Végétarisme ou « le renoncement du singe »*

Certains pensent que ne pas manger de viande, ou encore renoncer au confort matériel, constitue en soi un grand accomplissement spirituel. Ils oublient pourtant que de nombreux animaux vivent déjà de cette manière. Les singes, par exemple, sont nus et dorment dans les arbres ; certains sont même végétariens… Cela en fait-il pour autant des spiritualistes ? Lorsque des hommes quittent leur foyer et se retirent de la société pour mener une vie d'ascétisme, qu'ont-ils de plus que les animaux s'ils ne renoncent pas réellement au plaisir des sens ? Et sans la maîtrise des sens, comment pourraient-ils pratiquer le yoga ?

Extérieurement, le singe peut ressembler au sage retiré du monde, absorbé dans la méditation. En réalité, il consacre ses journées à la recherche de plaisirs variés, entouré de ses nombreuses femelles. De la même façon, si l'homme se contente d'adopter un régime végétarien ou un mode de vie austère sans développer l'amour de Dieu, ce détachement reste artificiel et sans valeur spirituelle véritable. C'est pour cette raison que l'on parle de « renoncement du singe » (1).

o (1) *markata-vairāgya*
o *« Ce n'est pas simplement en s'abstenant d'agir que l'on peut se libérer des chaînes du karma et le renoncement (sannyāsa) seul ne suffit pas non plus pour atteindre la perfection. » Bhagavad-gītā 3. 4*

☼ *45 Le leader Suprême*

Il existe toutes sortes de leaders en ce monde. Les plus influents rassemblent autour d'eux des centaines, voire des milliers de personnes qui les suivent et les admirent, dans la vie réelle comme sur internet. Tous les groupes humains - nations, partis politiques, syndicats, communautés, religions, figures publiques - ont un point commun : ils reconnaissent ou vénèrent quelqu'un pour les guider.

Chacun de nous est, à son niveau, un leader, un « dieu en puissance ». Par nature, nous aimons dominer le monde qui nous entoure. Pourtant, aucun être humain ne peut prétendre exercer un contrôle total, parfait et durable. Même les plus grands dirigeants ou les dictateurs les plus redoutés demeurent soumis à quelqu'un ou à quelque chose. Aucun d'entre eux, quels que soient son pouvoir ou son prestige, n'est le leader suprême ni le contrôleur absolu. Tous dépendent d'un autre : d'un mentor, d'un employeur, d'un conjoint, d'un enfant, d'un animal, ou encore des circonstances.

Il existe cependant un Leader suprême, qui n'est contrôlé par personne et qui domine tous les êtres vivants : l'Être originel. Parmi tous les êtres éternels, Il est le Suprême. Comme nous, Il est une personne, mais à la différence près qu'Il possède une forme spirituelle, un corps éternel, fait de connaissance et de félicité (1). Notre corps ne peut être comparé au Sien : le nôtre est temporaire, voué à la disparition, et source d'ignorance et de souffrance.

L'éveil de notre personnalité divine consiste à agir de nouveau, à l'aide de sens purifiés, dans notre corps éternel, semblable en qualité à celui de la Personne suprême. Le manque d'enthousiasme et l'attraction puissante qui nous maintiennent prisonniers de l'énergie matérielle peuvent aujourd'hui être surmontés par la voie lumineuse du *mantra-yoga,* ou *bhakti-yoga.* Celle-ci commence par l'écoute attentive des gloires de la Personne suprême et par le chant de Ses Noms (2).

o (1) « *Kṛṣṇa est le Seigneur originel, Govinda. Il est le maître absolu, la cause de toutes les causes et Sa forme est toute d'éternité, de connaissance et de félicité.* » *Brahma-saṁhitā* 5. 1

o (2) *śravaṇa, kīrtana,* l'écoute et le chant.

o « *Mon cher roi, bien que le Kali-yuga soit un océan de fautes, on y trouve cependant une grande qualité ; par le seul chant du nom de Kṛṣṇa (le mahā-mantra), il est possible de se libérer de l'asservissement à la matière et d'être promu au royaume spirituel. Le résultat qui était obtenu dans le Satya-yuga par la méditation sur Viṣṇu, dans le Tretā-yuga par l'accomplissement de sacrifices et dans le Dvāpara-yuga en servant les pieds-pareils-aux-lotus du Seigneur, peut être obtenu dans le Kali-yuga, juste par le chant des noms de Hari.* » Enseignements de *Śukadeva Gosvāmī* à *Mahārāja Parīkṣit. Śrīmad-Bhāgavatam* 12. 3. 51-52

☼ *46 Seconde naissance*

Il existe une seconde naissance appelée initiation. Après avoir rencontré un maître authentique et progressé dans la connaissance de soi, l'aspirant à la vie spirituelle « naît » une deuxième fois. La première naissance provient du père et de la mère biologiques ; lors de la seconde, la connaissance védique tient lieu de mère, et le maître spirituel assume le rôle du père.

Le cordon sacré remis au cours de cette cérémonie (1) signifie symboliquement que cette personne a accepté l'autorité d'un maître spirituel, et qu'elle a acquis une compréhension suffisante des Védas pour les appliquer et les transmettre. Les qualités principales du *brāhmaṇa* sont la sérénité, le contrôle des sens et du mental, l'austérité, la pureté, la tolérance, l'intégrité, la sagesse, le savoir et la piété (2). Ces qualités ne sont pas déterminées par la naissance, mais par la conduite et la réalisation.

Sous l'influence de la vertu, celui qui développe ces dispositions s'efforce d'utiliser pleinement les avantages offerts par la forme humaine afin de se libérer de l'emprise de la matière. À l'opposé du *brāhmaṇa*, que caractérise une large vision de l'existence, se trouve le *kṛpaṇa*, « l'avare », dominé par la passion et l'ignorance. Il emploie ses capacités et ses ressources à poursuivre la beauté physique, l'accumulation de richesses ou la recherche d'une descendance favorable (3). Ce faisant, il ne fait que prolonger ses souffrances et se condamner à renaître, encore et encore, dans le sein d'une mère (4).

o   (1) *upananīti*, la cérémonie qui « nous rapproche » du maître spirituel.

o   (2) *Bhagavad-gītā* 18. 42

o   (3) *śriyaiśvarya-prajepsavaḥ* : *śrī*, beauté ; *aiśvarya*, richesse ; *prajā*, descendance.

    « Ceux qu'enveloppent passion et ignorance révèrent les ancêtres, les devas chargés des activités cosmiques et d'autres entités diverses, car ils sont poussés par le désir de jouir des plaisirs matériels qu'offrent femmes, richesses, puissance et descendance. » Śrīmad-Bhāgavatam 1. 2. 27

o   (4) *« Ceux qui n'ont pas foi dans le service de dévotion ne peuvent M'atteindre. Ils reprennent place dans le saṁsāra, pour naître et mourir dans le monde matériel. » Bhagavad-gītā 9. 3*

☼ *47 La bonne prescription*

Après avoir établi son diagnostic, un bon médecin prescrit à son patient le remède le mieux adapté à sa maladie. Lors des consultations suivantes, il ajuste ou prolonge le traitement si nécessaire, jusqu'à la guérison complète. Il s'appuie pour cela sur sa connaissance de la pathologie et sur la justesse de sa prescription. Il ne la modifiera pas capricieusement, même si le malade la trouve contraignante ou désagréable.

De nos jours, il est devenu courant de tout remettre en question et de changer constamment. Cette tendance est moins le signe d'un esprit éclairé que celui d'une confusion mentale et d'une certaine ignorance. Un mauvais médecin, ou un charlatan, essaiera chaque fois quelque chose de différent. À l'inverse, le praticien expérimenté sait que, sur le long terme, le traitement qu'il prescrit est le plus efficace et le mieux adapté pour combattre la maladie.

Dans les différentes religions, il existe des écrits qui ont traversé des siècles d'histoire. Leur influence sur des millions de personnes demeure encore aujourd'hui considérable. Pourtant, ces textes ont souvent été déformés, interprétés à l'excès ou modifiés au fil du temps. S'il est donc compréhensible de douter face à la multiplicité des interprétations, il est en revanche impossible de bannir tout sentiment religieux. Même les peuples les plus anciens ou dits primitifs ont toujours eu des rituels et des prières pour exprimer ce qui est profondément ancré dans la nature humaine.

Changer signifie reconnaître une imperfection. Dans tous les pays existent des constitutions et des lois fondamentales qui ne peuvent être modifiées à la légère. Pourquoi alors des textes destinés à répondre aux questions existentielles les plus profondes de l'homme seraient-ils soumis à tant de changements et de réinterprétations ? Et si l'homme les transforme sans cesse, comment pourraient-ils encore conserver leur crédibilité et leur pouvoir de guider l'humanité ?

Dans la tradition védique, l'*ācārya* (1) ne modifie pas les textes originaux. À l'image d'un fruit mûr cueilli au sommet d'un arbre et transmis de main en main jusqu'au sol, le savoir, d'abord transmis oralement puis mis par écrit il y a environ cinq mille ans, demeure inchangé. Kṛṣṇa déclare : « *Abandonne toute autre forme de devoir et remets-toi entièrement à Moi* » (2). Il ne s'agit pas de dire : « L'homme a changé, il faut donc adapter le texte. » Les paroles sont transmises telles qu'elles ont été reçues : c'est le principe de la *paramparā* (3). Par compassion pour ceux qui cherchent la Vérité, des enseignants qualifiés continuent à les transmettre fidèlement et à en expliquer le sens profond.

- (1) *ācārya* : maître spirituel appartenant à une lignée disciplique (*paramparā*) et qui enseigne principalement par son exemple, autant que par son savoir.
- (2) « *Laisse là toutes formes d'occupation et abandonne-toi simplement à Moi. Je te délivrerai des suites de tes fautes, n'aie nulle crainte.* » *Bhagavad-gītā* 18. 66
- (3) *paramparā* : la succession disciplique par laquelle la connaissance spirituelle est transmise « l'un après l'autre ».
  « *Cette science suprême fut transmise à travers une succession disciplique et les saints rois la reçurent ainsi.* » *Bhagavad-gītā* 4. 2

☼ *48 Le lien éternel*

Les enfants ne sont jamais totalement séparés de leurs parents, même lorsqu'ils vivent très loin d'eux. Lorsqu'il devient adulte et quitte le foyer familial, il peut arriver qu'un homme oublie quelque peu l'existence de son père et de sa mère ; pourtant, la relation qui les unit continue d'exister. Il suffit parfois d'une circonstance particulière pour la raviver.

De la même manière, notre relation avec Dieu existe en permanence, quelles que soient les apparences. Nous partageons avec Lui, en qualité, les mêmes attributs spirituels. Sous l'influence de l'illusion, nous avons oublié ce lien originel pour adopter des désignations temporaires : « je suis Français », « je suis un homme », « je suis une femme », « je suis blanc », « je suis noir », « je suis ceci ou cela » …

Lorsque nous avons la bonne fortune de rencontrer un maître spirituel authentique, ce lien peut être rétabli par son intermédiaire. Par notre attitude humble et nos questions sincères, nous prenons conscience du caractère provisoire de ces désignations et pouvons nous établir dans notre véritable identité (1). Quel soulagement de mettre un terme à nos aspirations illusoires et à nos lamentations futiles ! La réalisation spirituelle met fin à ces deux tourments et laisse place à la paix intérieure, à la satisfaction et à une joie durable.

o (1) *« Cherche à connaître la vérité en approchant un maître spirituel. Enquiers-toi d'elle auprès de lui avec soumission et tout en le servant. L'âme réalisée peut te révéler le savoir, car elle a vu la vérité. »* Bhagavad-gītā 4. 34

o *« Selon leur karma, tous les êtres vivants errent dans l'univers entier. Certains sont élevés aux systèmes planétaires supérieurs, tandis que d'autres descendent vers les systèmes planétaires inférieurs. Le plus fortuné d'entre les millions d'êtres errant en ce monde pourra, par la grâce de Kṛṣṇa, rencontrer un maître spirituel authentique. Par la miséricorde de Kṛṣṇa et du maître spirituel, il recevra alors la semence du service de dévotion (bhakti-latā bīja). »* Enseignements de *Śrī Caitanya* à *Rūpa Gosvāmī. Caitanya-caritāmṛta, Madhya-līlā 19. 151*

☼ *49 Le miroir du cœur*

Le cœur est semblable à un miroir. On peut aussi le comparer à un appareil photographique. À l'image de cet instrument qui fixe toutes sortes de scènes, de jour comme de nuit, notre cœur « photographie » des impressions qui s'accumulent dans le subconscient. Ces images, innombrables, finissent par recouvrir notre conscience. Bien que nous ne puissions retracer l'origine exacte de notre conditionnement, un voile d'illusion n'en recouvre pas moins notre véritable identité, et ce depuis notre premier contact avec ce monde.

De la même façon qu'un miroir recouvert de poussière déforme l'image de celui qui s'y regarde, notre amour originel, au contact de ce monde, se trouve altéré par la concupiscence - ce désir insatiable de satisfaire nos propres sens. Il devient alors nécessaire de nettoyer ce miroir afin que l'amour pur puisse à nouveau s'y refléter (1).

Le chant des Noms divins (2) est le procédé à la fois simple et sublime recommandé en cet âge pour purifier le miroir du cœur, afin qu'il reflète avec clarté notre véritable visage.

○　　(1) « *On nomme kāma ou convoitise, le désir de satisfaire ses propres sens tandis que prema, l'amour, porte à combler les sens de Kṛṣṇa.* » *Caitanya-caritāmṛta, Adi-līlā* 4. 165. Voir également le commentaire.

○　　(2) *saṅkīrtana*, le chant public et collectif des Noms Divins ; pratique centrale de la *bhakti*, spécialement recommandée dans le *Kali-yuga*.
　　« Gloire au saṅkīrtana de Śrī Kṛṣṇa ! Il nettoie les impuretés accumulées sur le miroir du cœur et éteint le feu brûlant de l'existence conditionnée, avec ses naissances et ses morts sans fin. Le mouvement de saṅkīrtana répand sur tous les hommes la bénédiction la plus grande, répandant ses rayons comme la bienveillante lune. Âme du savoir spirituel, il fait croître l'océan de félicité et nous donne de savourer le nectar après lequel nous languissons sans cesse. » Śrī Caitanya, Śikṣāṣṭaka 1

☼ *50 Le doigt au service du corps*

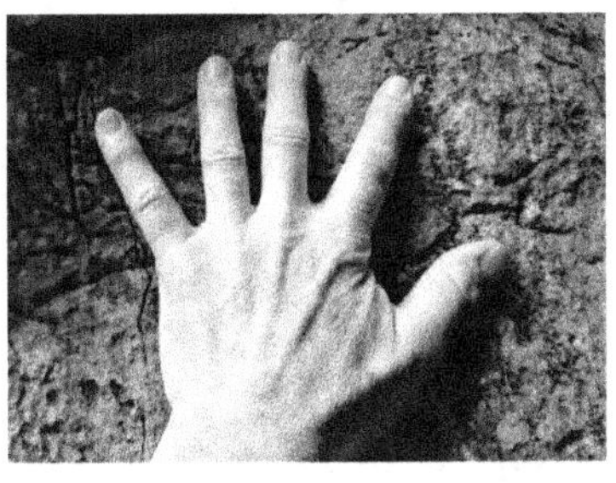

Observons l'un de nos doigts. Il fait partie de la main, elle-même instrument précieux au service du corps. Tant qu'il est en bonne santé et relié à l'ensemble, nous pouvons l'utiliser pleinement. Nous en prenons soin comme des autres doigts, conscients de son importance. Et même s'il ne s'agit « que » d'un doigt, nous sommes prêts à faire tout ce qu'il faut pour le soigner en cas de blessure. En revanche, s'il venait à être séparé du corps et à se dessécher, il perdrait toute valeur… Bien que ce soit toujours notre doigt, il n'aurait plus aucune utilité une fois détaché du corps.

Si, par exemple, je demande à mon doigt de me gratter à un endroit précis, il obéit instantanément. S'il en est incapable, c'est qu'il y a un dysfonctionnement. De la même manière, étant des parcelles infimes de Dieu, si nous ne pouvons L'assister et Le servir avec amour, c'est que nous sommes dans un état « maladif », coupés de notre condition naturelle.

Comme le doigt qui agit au service du corps dont il tire son énergie, notre existence ne trouve sa véritable valeur que lorsqu'elle est reliée au Tout complet et absolu. Dans cet état harmonieux, nous bénéficions en retour de tous les bienfaits de cette relation consciente. Coupés de ce lien, nous ne pouvons, en réalité nous épanouir et survivre.

Il suffit qu'un seul de vos doigts vous fasse souffrir pour que vous vous en inquiétiez, parce qu'il vous appartient, qu'il est une partie de votre corps et que vous l'aimez. De la même façon, vous êtes une partie de Dieu ; Il vous aime et se soucie de vous. Il attend simplement que vous mettiez fin à vos souffrances en vous tournant de nouveau vers Lui…

o *« Les êtres, en ce monde matériel sont des fragments éternels de Ma Personne. » Bhagavad-gītā 15. 7*

☼ *51 Deux mètres de terrain*

Le désir de posséder toujours plus est un obstacle au progrès spirituel. Les grands propriétaires terriens oublient qu'à l'heure de la mort, deux mètres de terrain suffisent pour étendre un corps… Si seulement deux mètres sont nécessaires, pourquoi tant d'hommes cherchent-ils à conquérir le monde ?

Disposer de dix ou de cent fois plus de richesses que nécessaire n'a jamais permis à quiconque de manger dix ou cent fois plus. Chacun doit se contenter, au maximum, de trois repas quotidiens, sous peine de tomber malade. Dans l'idéal, on ne devrait gagner que ce qu'il faut pour vivre heureux et en bonne santé. Le surplus devrait être utilisé non pour tenter de satisfaire tous nos désirs - entreprise d'ailleurs impossible - mais pour servir une cause supérieure.

Autrefois, ceux qui s'étaient enrichis consacraient une part de leur fortune à des œuvres charitables ou à la construction d'édifices religieux. Mais l'opulence enivre souvent l'homme, au point qu'il en oublie son lien avec l'Absolu. Par la mauvaise utilisation de la richesse, il se dégrade peu à peu, jusqu'à se rapprocher de l'animal. Or comment une société d'animaux pourrait-elle engendrer la paix et la sérénité ?

La réussite matérielle, suivie de l'adoration et de la renommée a toujours fait tourner la tête des hommes. Aveuglés par cette ivresse passagère, ils oublient qu'ils devront reprendre leur place dans le *saṁsāra*, le cycle des naissances et des morts dans le monde matériel. Quant à ceux qui se tournent vers le Suprême, ils ne sont jamais perdants : ils reçoivent en retour la connaissance et le détachement nécessaires à leur véritable progrès (1).

o (1) « *Qui sert le Seigneur Suprême, Vāsudeva, avec amour et dévotion, acquiert aussitôt, par grâce, le savoir et le détachement.* »
   Śrīmad-Bhāgavatam 1. 2. 7

☼ 52 *Le feu dans le bois*

Le feu qui consume le bois se trouve déjà à l'intérieur de celui-ci. La flamme ou la chaleur qui l'active ne fait que révéler sa présence. Tous les feux, à l'origine, se ressemblent ; seule la qualité du combustible détermine l'intensité et la nature des flammes. De la même façon, l'immense diversité des êtres vivants émane d'une même nature spirituelle, mais chacun, selon son contact avec les qualités matérielles (1), manifeste différemment sa conscience d'un corps à l'autre.

Chaque être agit sous l'influence de la vertu, de la passion ou de l'ignorance. Ces trois qualités fondamentales se combinent entre elles, comme les trois couleurs primaires engendrent d'innombrables nuances : d'abord neuf, puis quatre-vingt-une, et ainsi de suite, jusqu'à former les huit millions quatre cent mille espèces vivantes. L'extraordinaire variété des formes de vie trouve ainsi son origine dans l'action des trois *guṇas* (2).

Sous la direction de l'Être Suprême, la nature matérielle façonne un type de corps particulier permettant à l'être vivant de s'incarner en ce monde. Ce corps est la résultante des dispositions d'esprit qu'il a développées au cours de ses existences antérieures (3).

Il existe cependant un témoin impartial qui accompagne chacun : l'Âme Suprême (4). Sa présence unique et localisée pourrait laisser croire que Dieu agit différemment selon la compagnie, la mentalité ou les désirs de l'âme incarnée. Il n'en est rien. L'Âme Suprême demeure impartiale et indépendante ; elle n'est pas soumise aux lois de ce monde.

À l'image d'un magistrat qui rend des jugements distincts selon le degré de responsabilité de chacun, Elle donne Son approbation afin que l'âme individuelle puisse assouvir sa soif de jouissance dans le corps correspondant à sa mentalité. Ces multiples formes d'existence sont autant de « véhicules » élaborés au sein de la nature matérielle, parfaitement adaptés à chaque « conducteur ».

La portée de l'intelligence divine dépasse notre entendement. Son influence ne se limite pas à cette infime planète, mais s'étend à l'ensemble de l'espace sidéral, où existent des planètes et des univers en nombre illimité. Et pourtant, certains sont assez aveuglés pour se croire Dieu... ignorant totalement l'étendue de Son intelligence !

Par Sa manifestation localisée dans notre cœur, cette Personne Suprême est le témoin qui enregistre nos actes (5). Ce sont eux qui déterminent le corps que nous recevons à la naissance. Aussi longtemps que nous resterons prisonniers du monde conditionné, nous devrons transmigrer d'une forme à une autre. L'influence subtile des trois *guṇas* joue un rôle essentiel dans ce processus : elle nous donne l'illusion d'une liberté suffisante pour croire que nous « jouissons de la vie ». Mais nous oublions qu'à tout instant, nous pouvons chuter de notre position privilégiée et régresser vers une forme d'existence inférieure...

o *« Tout comme le feu se manifeste dans différentes sortes de bois, l'âme purement spirituelle, sous différentes conditions créées par les guṇas, se manifeste dans divers corps. » Śrīmad-Bhāgavatam* 3. 28. 43

o (1) Les trois *guṇas* ou qualités matérielles : *sattva*-guṇa, la vertu, *raja-guṇa*, la passion et *tamo-guṇa*, l'ignorance.

o (2) *« Au contact de la nature matérielle, l'être distinct connaît divers modes de vie en jouissant des trois guṇas. Dès lors, il rencontre plaisirs et souffrances dans des formes de vie variées. » Bhagavad-gītā* 13. 22

o (3) *« Sous la direction du Seigneur Suprême et selon le fruit de ses œuvres, l'âme se trouve introduite dans le sein d'une femme à travers une goutte de semence mâle pour y revêtir une forme de corps particulière. » Śrīmad-Bhāgavatam* 3. 31. 1

o (4) *Paramātmā.*

o (5) *« Je Me tiens dans le cœur de chaque être et de Moi viennent le souvenir, le savoir et l'oubli. » Bhagavad-gītā* 15. 15

o *« Le Seigneur Suprême Se tient dans le cœur de tous les êtres, qui sont en quelque sorte placés dans une machine faite d'énergie matérielle. Il dirige ainsi leurs errances à tous. »* Bhagavad-gītā 18. 61

Le Seigneur Suprême Se tient dans le cœur de tous les êtres, qui sont en quelque sorte placés dans une machine faite d'énergie matérielle. Il dirige ainsi leurs errances à tous. » Bhagavad-gītā 18. 61

☼ *53 Un souverain omniprésent*

Le gouvernement dirigé par un chef d'État est la manifestation de sa puissance ; ses divers ministres représentent ses différentes énergies et chaque ministère repose sur son pouvoir. Mais nul ne s'attend à voir le roi ou le président présent en personne dans chacun des départements de son gouvernement.

De la même manière, tout ce que nous voyons - et tout ce qui existe, dans les mondes matériels comme spirituels - repose sur Dieu. La création s'opère par l'intermédiaire de Ses diverses énergies. Lui-même est présent partout à travers cette diffusion, qui constitue l'expression de Sa puissance. Mais comment, alors, Le voir ?

Dieu demeure invisible au commun des hommes car, malgré Son omniprésence, Il échappe aux sens matériels. Même si nous ne pouvons Le percevoir directement, il n'en reste pas moins vrai que tout repose en Lui. Il serait toutefois erroné d'en conclure qu'en déployant ainsi Sa puissance jusque dans le moindre atome, Il perd Son existence personnelle.

À l'image d'un souverain dont les décisions influencent la vie de tout un pays sans qu'il soit physiquement présent partout, Dieu est manifesté en tous lieux par Ses énergies, tout en demeurant au-delà de tout. Sa personnalité devient perceptible à ceux qui sont conscients de Sa présence, en vertu de l'amour qu'ils ont développé pour Lui (1).

o *« Cet univers, Je le pénètre tout entier dans Ma forme non manifestée. Tous les êtres sont en Moi, mais Je ne suis pas en eux. » Bhagavad-gītā* 9. 4

o (1) *« J'adore Govinda, le Seigneur originel, qu'on nomme Śyāmasundara. Il est Kṛṣṇa Lui-même et Ses attributs demeurent inconcevables. C'est Lui que voient au fond de leurs cœurs les purs bhaktas, dont les yeux sont oints du baume de l'amour et de la dévotion. » Brahma-saṁhitā* 5. 38

☼ *54 Le médecin et le patient*

Lorsqu'un médecin se rend au chevet d'un malade en plein délire, il fait tout ce qui est en son pouvoir pour le soigner. Il distingue la personne véritable de l'état maladif dans lequel elle se trouve, et la respecte autant qu'un être en pleine santé. Si, sous l'effet de la fièvre, le patient devient désagréable ou irrespectueux, le médecin accomplit néanmoins son devoir. Il sait qu'une fois guérie, la personne retrouvera sa vraie personnalité, et avec elle, sa lucidité.

Il est dit : « Haïssez le péché, mais pas le pécheur. » Prisonnier de l'illusion, l'être déconnecté de sa nature éternelle est comparable à un malade sous l'emprise de la folie. Si on le rejette ou si on le hait, comment pourrait-on l'aider à guérir ? C'est pourquoi, à l'image de médecins désireux de soulager la souffrance, les véritables serviteurs de Dieu ne haïssent personne. Ils s'efforcent de secourir tous les êtres conditionnés, semblables à des patients en proie au délire.

o   *« Apprends à chacun à suivre les enseignements de Kṛṣṇa tels qu'ils sont donnés dans la Bhagavad-gītā et le Śrīmad-Bhāgavatam. Deviens ainsi un maître spirituel et efforce-toi de délivrer tous ceux qui vivent autour de toi. »* Enseignements de *Śrī Caitanya* au *brāhmaṇa Kūrma*. *Caitanya-caritāmṛta, Madhya-līlā 7. 128*

o   *« Bien-aimé Seigneur, rien ne me trouble et je n'aspire à nulle grâce de Ta part, car où que je sois, je m'absorbe pleinement dans la pensée de Tes gloires et de Tes activités. Je m'inquiète juste pour les insensés et les gredins qui élaborent des plans compliqués pour jouir d'un bonheur temporaire en ne se souciant que de leur famille, leur société et leurs pays. C'est par amour que je me fais du souci pour eux. » Prahlāda* apaise *Śrī Nṛsiṁhadeva*. *Śrīmad-Bhāgavatam 7. 9. 43*

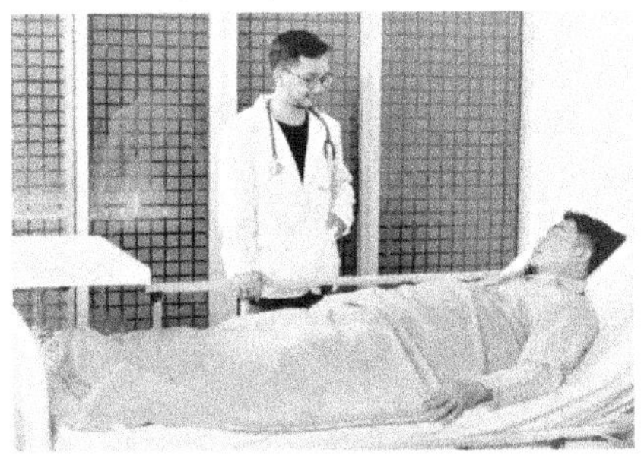

☼ *55 Les trois aspects du soleil*

La lumière du soleil, le disque solaire et la vie qui s'y déploie sont intimement liés, tout en constituant trois objets d'étude distincts. De la même façon, la Vérité Absolue peut être réalisée selon trois niveaux.

L'aspect impersonnel correspond au stade où l'on perçoit le soleil à travers la chaleur et la lumière qu'il diffuse. Un étudiant plus avancé s'intéresse à l'astre lui-même, situé en un point précis de l'univers : c'est l'aspect localisé. Quant à la réalisation ultime, elle est atteinte par celui qui pénètre au cœur du soleil et en découvre la nature intime.

Les différentes voies et pratiques spirituelles sont autant de moyens de perfectionnement. Par la simple perception sensorielle et l'analyse intellectuelle, on accède au niveau de réalisation du *Brahman* impersonnel. Par la méditation ou le yoga mystique, on réalise la présence de l'Âme Suprême, *Paramātmā*, dans son propre cœur. Enfin, lorsque le yogi engage ses sens dans une relation d'amour pure et désintéressée (1), cette même Vérité Absolue Se révèle à lui comme la Personne Suprême, *Bhagavān*.

Les niveaux de réalisation antérieurs à cet aspect ultime demeurent partiels et incomplets. Ils reposent sur la Personne de Dieu, tout comme la lumière qui illumine l'univers repose sur le disque solaire, lequel repose sur l'aspect personnel et suprême du soleil.

○   *« Les doctes et sages spiritualistes qui connaissent la Vérité Absolue nomment cette substance unique, au-delà de toute dualité, du nom de Brahman, Paramātmā ou Bhagavān. »* Śrīmad-Bhāgavatam 1. 2. 11

○   (1) *« On doit prendre part positivement au service d'amour transcendantal du Seigneur Suprême, Kṛṣṇa, sans chercher à tirer un profit matériel d'activités intéressées (karma) ou de spéculations philosophiques (jñāna). C'est de cette façon que l'on peut pratiquer le service de dévotion pur. »* Enseignements de *Śrī Caitanya* à *Rūpa Gosvāmī. Caitanya-caritāmṛta, Madhya-līlā* 19. 167 / *Bhakti-rasāmṛta-sindhu* 1. 1. 11

☼ *56 Deux façons d'apprendre*

Un voleur sait parfaitement qu'il agit mal. Soit il connaît la loi, soit il a entendu dire que le vol est puni, soit encore il connaît quelqu'un qui a été arrêté et condamné. S'il est pris la main dans le sac, il sait donc qu'il s'expose au même sort.

Nous disposons de deux moyens pour apprendre. Le premier passe par l'écoute d'une personne digne de confiance : un parent, une autorité, un proche. Le second se fait par l'expérience directe (1), en subissant soi-même les conséquences d'une transgression. En principe, nul n'a besoin de voler ni d'assister à l'arrestation d'un voleur pour comprendre que le vol est répréhensible : l'éducation et l'information devraient suffire. L'écoute est donc primordiale.

De la même manière, il nous est possible d'accéder à la connaissance la plus élevée en nous enquérant auprès d'une source qui fait autorité, car la Vérité Absolue ne peut être perçue directement. C'est ce que l'on appelle la voie descendante (2) et l'écoute attentive en est la méthode essentielle : elle seule permet d'éveiller notre attrait et notre compréhension.

Beaucoup, pourtant, ne saisiront pas cette opportunité et poursuivront leur existence sur un chemin dont l'issue est pourtant prévisible. Ils ressemblent à ce voleur incapable de renoncer à ses larcins, même après avoir vu ses semblables punis et avoir lui-même été condamné. Jour après jour, ils s'empêtrent davantage dans les conséquences de leurs actes funestes, sans parvenir à y mettre fin.

o   (1) *dekhā-śunā*, l'expérience directe.
o   (2) Dans sa quête de l'Absolu, l'homme peut s'appuyer sur la connaissance acquise par ses sens - méthode inductive, toujours imparfaite - ou recevoir la connaissance provenant d'une source supérieure - méthode déductive, fondée sur la révélation et garante du succès spirituel.

☼ *57 Fraternité universelle*

L'homme possède le pouvoir de transmettre la vie. La femme, quant à elle, fournit, à partir de son propre corps, l'énergie et les éléments nécessaires au développement de l'enfant à naître. Le corps que nous habitons appartient donc, en premier lieu, à notre mère, puisqu'il a été « façonné » dans son ventre.

Dieu est considéré comme le Père (1), car c'est par Sa volonté que les êtres vivants sont placés dans le sein de la nature matérielle. À l'image d'une mère, celle-ci fournit à chacun le corps qui lui convient, parmi les huit millions quatre cent mille espèces de poissons, de plantes, d'insectes, de reptiles, d'oiseaux, de mammifères, d'êtres humains ou de *devas* (2). Ces corps variés constituent autant de champs d'action pour l'âme appelée à s'incarner sur cette planète ou ailleurs dans l'univers.

Nous ne devrions donc pas considérer les animaux, les arbres, les oiseaux ou les autres formes de vie comme radicalement différents de nous. Puisque nous partageons avec eux le même Père et la même mère, ils sont, en réalité, nos frères. Il ne peut y avoir de véritable fraternité sans la compréhension de cette vérité fondamentale. La fraternité universelle devient possible lorsque l'on réalise que Dieu est le père de tous les êtres et que la nature matérielle en est la mère. Nombre d'humanistes qui militent pour cet idéal ignorent pourtant le lien profond qui unit non seulement les hommes, mais l'ensemble du vivant.

Dans les religions, beaucoup conçoivent Dieu comme un lointain « père céleste », tout en excluant de leur famille les autres formes de vie, y compris celles dont la conscience est très proche de la nôtre. Rien d'étonnant, dès lors, à ce que ces « croyants » cautionnent l'abattage des animaux. Leur mode de vie justifie, sans surprise, les moyens violents et cruels élaborés par des esprits pervers pour exploiter et opprimer les autres espèces.

Lorsqu'au sein d'une famille naît un enfant infirme ou lourdement handicapé, les parents le rejettent-ils ? Imaginons que ses frères disent : « Père, il y a parmi nous quelqu'un de différent. Il ne sert à rien… Tuons-le pour le manger ! » Le père - ou la mère - accepterait-il une telle proposition ? Bien au contraire. Comme tout parent digne de ce nom, il prendrait sa défense et dirait : « Il n'est pas comme vous, mais qu'importe : c'est aussi mon enfant, et il est votre frère. Qu'il vive donc à mes dépens. De quel droit décidez-vous de sa vie ? »

De quel droit, alors, l'être humain décide-t-il de la vie de créatures innocentes pour satisfaire le seul plaisir de la langue ? Bienheureux sont ceux qui se nourrissent d'aliments issus de la vertu (3), conscients que tout appartient au Suprême (4), car ils vivent dans la paix. L'univers entier est de leur côté, puisqu'ils reconnaissent le lien sacré qui unit toute forme de vie (5). Ils agissent pour le bien ultime de tous, animés par le véritable esprit de fraternité universelle.

o (1) « *De tous les êtres, Je suis la semence première.* » *Bhagavad-gītā* 7. 10

o (2) *devas* : habitants des planètes célestes. Dotés d'une grande beauté, d'une longue durée de vie et de pouvoirs surnaturels, ils soutiennent l'ordre cosmique sous la direction du Seigneur.
   Voir « L'évolution selon le *Viṣṇu Purāṇa* » ☼ *35 Nager comme un poisson* (1)

o (3) Fruits, céréales, légumes, légumineuses et produits laitiers *ahiṁsā*.

o (4) « *Les dévots du Seigneur sont affranchis de toute faute car ils ne mangent que des aliments d'abord offerts en sacrifice. Mais ceux qui préparent des mets pour leur seul plaisir ne se nourrissent que de péché.* »
   Bhagavad-gītā 3. 13
   « *Que l'on M'offre avec amour et dévotion une feuille, une fleur, un fruit ou un peu d'eau et cette offrande, Je l'accepterai.* » *Bhagavad-gītā* 9. 26

o (5) « *L'humble sage qu'éclaire le vrai savoir voit d'un œil égal le brāhmaṇa érudit et bienveillant, la vache, l'éléphant, le chien et le mangeur de chien.* »
   Bhagavad-gītā 5. 18

☼ *58 Un remède agréable*

Un médicament est rarement agréable à avaler et parfois même très déplaisant. Mais il existe un remède qui soigne de la maladie, de la mort et de la renaissance - et qui, de surcroît, est doux et réconfortant pour l'esprit et les sens. Ce baume pour le cœur, ce remède excellent, sont l'écoute et le chant (1) !

Le yoga traditionnel requiert de nombreuses conditions : vivre seul, loin de toute agitation, pratiquer la continence et maîtriser la respiration. À notre époque, rares sont ceux capables de suivre cette discipline ou de trouver un lieu propice à sa pratique. Quant à l'étude ou à la recherche philosophique (2), elle exige une grande capacité intellectuelle, une solide éducation et un vaste savoir. Tout le monde ne peut suivre ces deux voies. Un enfant ne peut devenir un yogī ou un *jñānī*, mais un enfant peut devenir un *bhakta*. En effet, le yoga de la dévotion (3) est simple, source directe de joie, et accessible même aux plus jeunes (4).

Les gens ordinaires raffolent des récits et fictions qui racontent les amours mondains. De tels récits existent aussi au niveau transcendantal, dans les divertissements amoureux entre *Rādhā* et *Kṛṣṇa*. Une personne sincère, au cœur simple, sera naturellement charmée et pourra très facilement progresser sur la voie dévotionnelle par une écoute attentive (5). Les érudits et philosophes, eux, découvriront dans les versets sanskrits un trésor de poésie et de savoir. À notre époque, il est impossible de produire une littérature d'une telle beauté, d'une telle ampleur et d'une telle profondeur philosophique !

Qui pourrait se priver d'un tel trésor ? Ceux qui prennent plaisir à tuer les animaux. Ces personnes « tuent » en eux leurs plus hauts sentiments et restent insensibles à l'attrait des gloires de la Personne Suprême.
C'est pourquoi il est primordial, pour notre évolution, de commencer par cesser de participer à l'abattage des animaux (6).

o   (1) L'écoute (*śravaṇa*) et le chant (*kīrtana*) des Noms, des gloires et des enseignements du Seigneur.

o   (2) *jñāna-yoga*, voie de la connaissance.

o   (3) *bhakti yoga*, voie du service de dévotion, fondée sur l'amour pur pour Dieu.

o   (4) *« Ce savoir est roi d'entre tous les enseignements, le secret d'entre les secrets, la connaissance la plus pure et parce qu'il nous fait percevoir directement le soi grâce à une réalisation interne, il représente la perfection du dharma. Il est impérissable et d'application joyeuse. »*
Bhagavad-gītā 9. 2

o   (5) *« Par l'écoute suivie du Śrīmad-Bhāgavatam, comme par le service assidu offert aux purs bhaktas, tout ce qui trouble le cœur devient pratiquement néant et le service d'amour offert au Seigneur Suprême, qu'on glorifie par des hymnes sublimes s'y établit alors, irrévocablement. »*
Śrīmad-Bhāgavatam 1. 2. 18
A noter : Bien qu'ils soient décrits dans un langage compréhensible par le commun des mortels, ces échanges transcendantaux entre *Rādhā* et *Kṛṣṇa* peuvent être savourés seulement par le *bhakta* avancé, qui a été complètement purifié par les principes régulateurs du service de dévotion et qui a réalisé la nature dégradée des actes érotiques ordinaires

o   (6) *« La glorification de Dieu, la Personne Suprême, se perpétue par l'intermédiaire de la paramparā - la succession de maître à disciple. Cette divine exaltation fait le bonheur de ceux qui ont délaissé tout intérêt à une glorification fausse et temporaire liée à cette manifestation cosmique. Les récits ayant trait au Seigneur sont le remède adéquat pour l'âme conditionnée sujette aux naissances et aux morts successives. Qui donc, mis à part un boucher ou la personne qui souhaite sa propre perte (qui désire se suicider), ne voudra pas écouter les gloires du Seigneur ? »*
Śrīmad-Bhāgavatam 10. 1. 4

☼ 59 *L'odorat et la fleur*

À proximité d'une fleur, notre odorat perçoit son parfum, mais l'odorat et la fleur restent distincts l'un de l'autre.

Un rapport analogue existe entre la Conscience Suprême et la manifestation cosmique. Par Son regard, Elle crée l'univers et l'ordonne, sans jamais s'associer ni entrer en contact direct avec la création. Elle place les êtres vivants dans le sein de la nature matérielle, où ils apparaissent sous diverses formes et espèces, selon les actes et les désirs qu'ils ont accumulés dans le passé.

○ *« Cet univers, Je le pénètre tout entier dans Ma forme non manifestée. Tous les êtres sont en Moi, mais Je ne suis pas en eux. Simultanément, rien de ce qui est créé n'est en Moi. Vois Ma puissance surnaturelle ! Bien que je soutienne tous les êtres et que Je sois partout présent, Je ne fais pas partie de cette manifestation cosmique, car Je suis la source même de toute création. » Bhagavad-gītā 9. 4-5*

☼ *60 La ligne invisible*

Dans le monde de la dualité, l'ombre et la lumière existent simultanément. Un seul pas suffit pour franchir la ligne qui les sépare. Dès que nous oublions notre véritable identité, ou que nous cherchons à utiliser l'énergie matérielle pour notre satisfaction personnelle, nous pénétrons du côté obscur, dans le domaine de l'illusion. Dès que nous sollicitons la protection de l'énergie spirituelle, nous nous trouvons immédiatement du côté lumineux.

Si nous voulons mener une vie divine, au-delà de la naissance et de la mort, nous devons rester vigilants et nous entraîner constamment à demeurer au contact de la lumière, du bon côté de la ligne. Par le bon usage de nos pensées, de nos paroles et de nos actes, nous pouvons nous libérer de l'emprise des modes de la nature matérielle (1), qui nous retiennent prisonnier du mauvais côté.

La source de toutes les énergies, dont nous ne sommes que d'infimes parties, réside en l'Être Suprême. Étant Lui-même suprêmement indépendant, c'est de Lui que nous héritons, en toute proportion, de notre liberté. En tant qu'énergies marginales, nous pouvons faire bon usage de notre indépendance en nous plaçant sous Sa protection, du bon côté de cette ligne invisible (2).

o   (1) *guṇas*, voir description ☼ *52 Le feu dans le bois* (1)

o   (2) *« Il est très difficile de surmonter cette divine énergie que constituent les trois guṇas. Mais qui s'abandonne à Moi en triomphe aisément. »* *Bhagavad-gītā* 7. 14

☼ *61 Le corps social*

Dans toute société, on distingue naturellement différentes catégories : hommes d'affaires, médecins, dirigeants, employés, etc. Des groupes se forment inévitablement dans tout milieu humain. On peut les regrouper en quatre grandes catégories (1), correspondant aux qualités dominantes de chacun et aux activités qu'ils exercent (2).

Les *brāhmaṇas* sont les sages, intellectuels et érudits, principalement sous l'influence de la vertu, *sattva*. Les *kṣatriyas* sont les dirigeants et les militaires, dominés par la passion, *raja*. Les agriculteurs et les commerçants, ou *vaiśyas*, agissent sous l'influence conjointe de la passion et de l'ignorance. Quant aux travailleurs manuels, ou *śūdras*, ils sont majoritairement sous l'influence de l'ignorance, *tamo*.

Aucun être n'échappe à l'influence des *guṇas*. Dans la civilisation védique, l'organisation sociale appelée *varṇāśrama-dharma* (3), avait pour but l'émancipation spirituelle de l'individu. Avec le temps, elle a été déformée et remplacée par le système des castes qui met en avant l'hérédité, engendrant des discriminations comparables à celles basées sur le sexe, la race ou la nationalité. Cette dégénérescence est attribuée à l'influence de l'*Âge de Kali*, où les personnes privilégiées utilisent la tradition pour rejeter et exploiter ceux qui naissent dans des milieux modestes ou défavorisés.

En réalité, ce n'est pas la naissance qui détermine la position d'un individu dans la société, mais son aptitude à accomplir l'activité correspondant à ses penchants naturels. Sans en avoir conscience, nos pensées, notre mode de vie et nos actions quotidiennes subissent l'influence de *guṇas* et *karma*. Dans une société idéale - telle qu'il en existait encore il y a plusieurs millénaires - le rôle du gouvernement était de veiller à ce que chacun exerce la fonction en accord avec sa nature profonde.

Il est préférable d'orienter chaque personne vers l'occupation qui lui convient plutôt que de chercher à instaurer une société sans classes, chose d'ailleurs impossible. Même dans les sociétés modernes qui, au nom de la démocratie, se prétendent égalitaires, on retrouve ces mêmes catégories : intellectuels et religieux, dirigeants et militaires, agriculteurs et commerçants, ouvriers. La différence aujourd'hui est que la plupart n'exercent pas une activité conforme à leurs qualités ; leur fonction sociale devient avant tout un simple moyen de subsistance.

Pour mieux comprendre l'organisation sociale du *varṇāśrama-dharma*, prenons l'exemple du corps humain, modèle parfait de coopération. Il est composé de quatre parties principales : la tête, les bras, le tronc et les jambes. Lorsque chaque élément remplit sa fonction, l'ensemble du corps fonctionne harmonieusement. C'est l'état de santé idéal. Il devrait en être de même pour le corps social, dont les différentes composantes sont appelées à œuvrer ensemble pour le bien commun.

La tête, bien qu'indispensable, n'enlève rien à l'importance des jambes. De la même façon, les différents groupes sociaux doivent coopérer afin de favoriser le progrès spirituel de chacun. Lorsque tous œuvrent dans un même but, il n'y a ni exploitation ni lutte des classes. Chacun étant à sa place, nul n'est rejeté. L'harmonie sociale ne peut exister qu'à cette condition, car privée de toute structure naturelle, la société abandonne l'individu à son ego, au détriment d'autrui.

Lorsque notre corps est en bonne santé, si une jambe nous fait souffrir, on ne la néglige pas pour ne soigner que la tête. De même, dans une société équilibrée, aucune partie - et en particulier les travailleurs manuels - n'est méprisée ou exploitée, dès lors que chacun accomplit le devoir qui correspond à sa nature.

C'est afin d'atteindre cet idéal - garant de la paix sociale et de la satisfaction individuelle - qu'il est indispensable de former des enseignants qualifiés, capables de guider la société et de rappeler à tous le véritable but de la vie humaine. Chose étrange, mais finalement peu surprenante : c'est précisément ce qui fait le plus défaut à notre époque !

o (1) *varṇas*, les divisions de la société fondées sur l'occupation naturelle de chacun : *brāhmaṇas*, *kṣatriyas*, *vaiśyas* et *śūdras*.

o (2) *guṇas* et *karma*.

o (3) *varṇāśrama-dharma* : outre les quatre *varṇas* – les divisions fondées sur l'occupation naturelle de chacun - la société védique traditionnelle est organisée en quatre *āśramas* – qui sont les quatre étapes de la vie (célibataire, vie de famille, retraite et renoncement). Cette organisation sociale, conçue pour satisfaire à la fois les besoins matériels et spirituels de l'humanité fut créée par le Seigneur Lui-même :
« J'ai créé les quatre divisions de la société en fonction des trois gunas et des activités (karma) qui s'y rattachent. » Bhagavad-gītā 4. 13

o *« Ainsi il a été conclu que la plus haute perfection que l'on puisse atteindre en s'acquittant de ses devoirs dans l'institution du varṇāśrama est de satisfaire Dieu, Hari. » Śrīmad-Bhāgavatam 1. 2. 13*

☼ *62 Le pouvoir de l'intelligence*

La corpulence physique ne fait pas tout. L'éléphant possède un corps immense, bien plus puissant que le nôtre, et pourtant un être humain - le cornac - est capable de le diriger à l'aide d'un simple bâton. L'intelligence a le pouvoir de dominer la force (1).

Si l'on admet l'existence d'une intelligence supérieure à la nôtre, il devient difficile d'en concevoir le potentiel créatif. L'homme est fier de ses inventions, mais qui a conçu son propre cerveau ? Est-il seulement possible de fabriquer un organe d'une telle complexité et d'un tel degré de perfection ? Cela est hors de portée. Qu'est-il alors plus important de chercher à comprendre : notre cerveau, ou l'intelligence qui l'a conçu ? Cette intelligence est capable de créer des cerveaux mille fois plus performants que celui d'Einstein, et pourtant certains s'efforcent encore d'en nier l'existence (2) !

Mais il ne suffit pas d'affirmer que Dieu est grand ; encore faut-il chercher à comprendre en quoi Il l'est. Certains proclament avec ferveur : « Dieu est grand ! », tout en vivant comme si Dieu ne voyait rien de leurs actes. Or, s'Il est véritablement grand, Il doit être omniprésent. Cette attitude révèle une profonde duplicité, mêlée d'orgueil : au fond d'eux-mêmes, ces personnes semblent penser : « Dieu est grand, mais moi je suis plus grand encore, puisque je peux Le tromper… »

o   (1) *buddhir yasya bālaṁ tasya*. Cāṇakya Paṇḍita. *Nīti-śāstra* 11. 3
o   (2) C'est une critique du *scientisme*. L'idée est que la science est indispensable, mais limitée. Elle ne peut, à elle seule, répondre aux questions du sens, de l'origine et de la finalité. Ainsi, confondre science et vérité absolue conduit à une vision réductrice de l'homme et du réel.
Cette critique n'oppose donc pas science et spiritualité, mais rappelle que toute connaissance authentique suppose un cadre, une hiérarchie et une humilité.

☼ *63 Les voleurs honnêtes*

Nous venons au monde sans rien et, lorsque viendra la mort, nous n'emporterons rien. Ce que nous avons acquis entre-temps existait avant notre arrivée et restera après notre départ. Nous ne faisons que passer, entrer puis ressortir.
Pourtant, nous consacrons une grande partie de notre vie à accumuler des biens et à tout mettre en œuvre pour les conserver. Nous nous approprions les ressources du monde sans même nous demander si cette exploitation est légitime. C'est comme si, passant devant une banque, je prétendais que l'argent qui s'y trouve m'appartient... Il serait tout aussi absurde d'affirmer : « Je renonce à cet argent », puisqu'en réalité il n'est pas à moi.

Que penser de celui qui vole le bien d'autrui ? Des hommes se sont emparés jadis des terres où vivaient les Indiens d'Amérique. Aujourd'hui, leurs héritiers parlent de morale, alors même que cette appropriation repose sur un vol originel. En vérité, la terre n'appartient à personne. Partout dans le monde, on s'approprie la propriété de Dieu en affirmant qu'elle est nôtre !

C'est comme dans l'histoire de cambrioleurs qui, après avoir commis un larcin, décident de se retrouver pour partager le butin. L'un d'eux propose alors : « Partageons équitablement... » Dans leur esprit, il est tout à fait possible de répartir honnêtement ce qui a été acquis de façon malhonnête !

Cette mentalité nous fait croire : « Je suis le bénéficiaire de toute chose. Tout existe pour mon plaisir. Je règne et je domine partout où je vais... Ceci est mon pays, vous n'avez pas le droit d'y entrer ! » Alors qu'en réalité, je ne suis qu'un voleur.

Dans ce monde de dualité, la moralité s'oppose toujours à l'immoralité, comme le bien au mal ou le chaud au froid. Mais ces notions restent relatives et limitées. Au-dessus de cette morale conditionnée existe un principe supérieur : reconnaître que rien ne nous appartient réellement, mais que tout appartient à Dieu - y compris notre propre personne.

Voici le plus haut principe de moralité : toute action et tout bien n'ont de valeur réelle que lorsqu'ils sont utilisés au service du véritable propriétaire de toute chose (1).

o   (1) *« De tout ce qui existe en cet univers, de l'animé comme de l'inanimé, le Seigneur est maître et possesseur. Chacun doit donc prendre uniquement la part qui lui est assignée selon ses besoins, sachant bien à qui tout appartient. »* Śrī Īśopaniṣad 1
« Parce qu'il sait que Je suis le bénéficiaire ultime de tous les sacrifices et de toutes les austérités, le Souverain Suprême de toutes les planètes et de tous les devas, l'ami et bienfaiteur de tous les êtres, l'être pleinement conscient de Ma personne échappe aux souffrances matérielles et connaît dès lors la paix. » Bhagavad-gītā 5. 29

☼ *64 L'amour universel*

L'Etre Suprême pénètre l'univers entier dans Sa forme non manifestée (1). Mais comment se relier au Tout dans Sa complétude ? Si nous aimons véritablement Dieu, notre amour devrait nécessairement se répandre partout. Lorsqu'on paie des impôts à l'État, l'argent est redistribué vers les secteurs qui en ont besoin. Nous n'allons pas nous-mêmes verser une somme à chaque ministère : le gouvernement s'en charge. Si l'on décide de payer directement, sans passer par cette instance centrale, notre contribution restera toujours partielle et insuffisante pour satisfaire l'ensemble.

De la même manière, on peut bien prétendre aimer l'humanité, mais si l'on n'a pas développé son amour pour la Source suprême de l'amour, alors cet amour demeure incomplet. On n'aime pas les vaches ni les poules, que l'on condamne à l'abattoir… Un tel amour ne peut être ni cosmique ni universel. En revanche, si l'on développe un amour authentique pour Dieu, alors cet amour s'étend naturellement à toute forme de vie. On en vient à aimer jusqu'à une simple fourmi ; on n'oserait même pas lui ôter la vie. C'est alors seulement que l'on commence à comprendre ce qu'est l'amour véritablement universel (2).

○ (1) *« Cet univers, Je le pénètre tout entier dans Ma forme non manifestée. Tous les êtres sont en Moi, mais Je ne suis pas en eux. » Bhagavad-gītā 9. 4*

○ (2) *« J'adore Govinda, le Seigneur originel, qu'on nomme Śyāmasundara. Il est Kṛṣṇa Lui-même et Ses attributs demeurent inconcevables. C'est Lui que voient au fond de leurs cœurs les purs bhaktas, dont les yeux sont oints du baume de l'amour et de la dévotion. » Brahma-saṁhitā 5. 38*

☼ *65 Soleil et nuages*

Lorsqu'à l'aube le soleil est sur le point de se lever, une faible lueur illumine l'horizon. Certains jours, à cause des nuages, le soleil n'est pas visible, et pourtant nous percevons sa lumière. Nous pouvons alors en déduire que le jour est levé. Il en est ainsi de l'existence de l'âme : la conscience qui anime les différentes formes de vie est le symptôme de sa présence.

Quand le ciel est couvert, on ne voit pas le soleil. Mais comment le soleil - que l'on compare à la réalité - pourrait-il être masqué par les nuages, que l'on assimile à l'illusion ? Les nuages seraient-ils donc plus puissants que le soleil ?

Si nous nous fions uniquement à nos sens imparfaits plutôt qu'à notre intelligence, nous ne comprendrons jamais que c'est le soleil lui-même qui est à l'origine des nuages. En effet, sa chaleur évapore l'eau des mers et des océans, qui se condense ensuite dans l'atmosphère. C'est donc bien l'énergie du soleil qui crée les nuages. Et pourtant, lorsqu'ils sont présents, nous ne voyons plus le soleil… Nous savons cependant qu'il n'a pas disparu. Il est toujours là, dans le ciel, mais les nuages nous en masquent la vision.

Pourtant, nous disons parfois : « Il n'y a pas de soleil. » De la même façon, nous affirmons : « Il n'y a pas de Dieu » ou « L'âme n'existe pas », simplement parce que l'énergie d'illusion recouvre notre perception. Cette énergie d'illusion est l'énergie matérielle de ce monde. Elle est appelée *māyā*, un terme qui signifie littéralement « ce qui fait paraître réel ce qui ne l'est pas ».

Le soleil nous fournit la chaleur et la lumière indispensables à la vie. Qui pourrait volontairement se priver de ses bienfaits ? De même, les sages nous invitent à nous placer sous les rayons des enseignements spirituels, seuls véritables soleils capables d'éclairer nos pas et notre monde intérieur, obscurcis par les ténèbres de l'illusion. Il serait dommage de nous priver de leurs bienfaits (1).

○ (1) « *Comme un soleil radieux, ce Bhāgavata Purāṇa s'est levé après le départ de Kṛṣṇa pour Son royaume, suivi de la religion et du savoir. Il offre la lumière à tous ceux dont les ténèbres de l'âge de Kali ont obscurci la vision.* » *Śrīmad-Bhāgavatam* 1. 3. 43

○ *kṛṣṇa—sūrya-sama ; māyā haya andhakāra.* « *Kṛṣṇa est pareil au soleil et māyā aux ténèbres. Là où brille le soleil, il ne saurait y avoir d'obscurité.* » *Caitanya-caritāmṛta, Madhya-līlā* 22. 31

☼ *66 La richesse du pauvre*

L'homme réellement pauvre est celui qui préfère la richesse matérielle à la connaissance transcendantale. La richesse matérielle peut fluctuer au cours de la vie ; il faut donc apprendre à tolérer son absence (1). Cela devient plus aisé lorsque l'on possède une richesse intérieure, celle que personne ne pourra jamais nous voler. Bien que pauvres sur le plan matériel, les *brāhmaṇas* étaient autrefois respectés, et parfois même redoutés par les puissants et les rois, car ils étaient riches de la connaissance du *Brahman* Suprême.

La recherche du plaisir existe aussi bien chez l'homme riche que chez l'homme pauvre. La différence est que ce dernier ne dispose pas des mêmes moyens de jouissance. Pourtant, lorsque le puissant et le faible sont étroitement associés, et que le faible fait concorder ses désirs avec ceux du puissant, ils peuvent partager le même plaisir.

L'être distinct et l'Être Suprême sont un sur le plan qualitatif. Tous deux sont appelés *puruṣa*, terme qui signifie « celui qui se réjouit, qui prend plaisir ». Cet esprit de jouissance existe donc chez l'un comme chez l'autre ; la différence réside dans la capacité de jouissance. Lorsque l'être distinct accorde ses actes aux désirs de l'Être Suprême et relie son plaisir au Sien, il bénéficie des mêmes avantages que l'homme pauvre vivant à proximité d'un homme immensément riche.

o   (1) *mātrā-sparśās tu kaunteya. Bhagavad-gītā* 2. 14

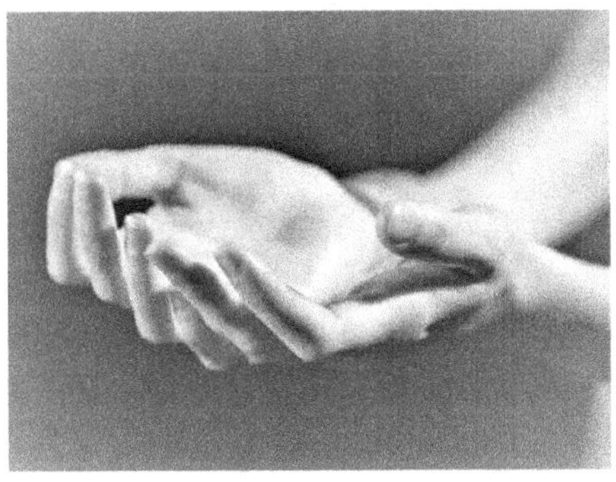

☼ *67 Les trois formes d'illusion*

Pour comprendre qui nous sommes et saisir la nature personnelle de la Vérité Absolue, nous devons nous libérer des trois formes sous lesquelles se manifeste l'illusion matérielle, elle-même caractérisée par l'attachement, la peur et la colère. La première de ces formes est le matérialisme, c'est-à-dire l'absence d'intérêt pour la vie spirituelle.

Un matérialiste n'est d'ailleurs pas nécessairement quelqu'un qui possède beaucoup. On peut être un véritable spiritualiste tout en disposant de grandes richesses, et un matérialiste grossier avec très peu de biens. Mais pour celui qui est trop absorbé par la matière et identifié au corps, il est impossible de reconnaître l'existence d'un corps spirituel impérissable, fait de connaissance et de félicité éternelles - et plus encore de développer un amour pour Dieu.

La seconde forme d'illusion consiste à vouloir perdre sa personnalité. Fasciné par l'immensité de la manifestation cosmique et absorbé par des concepts abstraits, l'être vivant peut en venir à craindre sa propre individualité et son identité éternelle, même après s'être affranchi du joug de la matière. La perspective de continuer à exister comme un être distinct dans le monde spirituel lui paraît alors si dérangeante qu'il préfère parfois s'identifier à un vide impersonnel.

Enfin, l'idée de néant ou le nihilisme, né des frustrations de la vie matérielle, vient tromper celui qui, lassé par de multiples spéculations sur la Vérité Absolue, finit par ne plus croire en rien. Incapable de concevoir une vie spirituelle authentique, il cherche refuge dans les substances enivrantes et prend parfois ses hallucinations pour des visions divines.

Comment échapper à ces trois formes d'illusion ? En prenant refuge auprès du Seigneur, en suivant les instructions d'un maître spirituel authentique et en pratiquant les principes du *bhakti-yoga*, tels que le recommande la *Bhagavad-gītā* et les enseignements *vaiṣṇavas*.

o « *Il faut tout d'abord désirer se réaliser spirituellement, car cela nous incitera à rechercher la compagnie de personnes spirituellement élevées. On doit ensuite se faire initier par un maître spirituel qualifié et sous sa direction, entamer la pratique du service dévotionnel. Cette pratique nous libérera de tout attachement matériel, nous affermira dans la voie spirituelle et nous amènera à développer un goût pour écouter ce qui se rapporte à Dieu, la Personne Suprême, Kṛṣṇa. De là naîtra un attachement profond pour la Conscience de Kṛṣṇa, qui aura pour fruit bhāva, le premier degré d'amour pour Dieu. Viens par la suite prema, le véritable amour pour Dieu, la plus haute perfection de la vie. » Bhakti-rasāmṛta-sindhu 1. 4. 15-16*

☼ *68 Vivre dans la joie*

Imaginez la joie du prisonnier enfermé depuis de longues années, qui retrouve soudain la liberté… Il peut enfin vivre dans le monde libre ! De la même façon, notre véritable vie commence à la libération (1), lorsque la cause des souffrances matérielles n'a plus d'emprise sur nous.

Quels bienfaits apporte cette libération à l'être qui l'atteint ? Il n'éprouve plus de lamentation face à la perte, aussi importante soit-elle et n'est plus en quête de profit ou d'intérêt personnel. Il perçoit désormais tous les êtres vivants sur un pied d'égalité (2), car il réalise que la même énergie fondamentale les anime. C'est à partir de cet état heureux et apaisé (3) qu'il peut de nouveau agir, en pleine conscience de sa nature spirituelle - de la même façon que la vie du prisonnier commence réellement lorsqu'il recouvre la liberté.

D'autres voies promettent elles aussi la libération, mais que proposent-elles ensuite ? Le vide ou le néant… Or, la vie ne peut exister sans variété, car c'est la nature même de l'âme d'être active. C'est pourquoi il est dit : « La variété est la source de tous les plaisirs »

La vraie vie commence avec les activités accomplies à l'état libéré, en relation avec le Suprême. Ceux qui sont trop frustrés ne peuvent le comprendre et préfèrent alors adopter des philosophies qui s'apparentent à un suicide spirituel. Un malade qui souffre intensément en vient parfois à supplier son médecin de lui administrer un poison pour mettre fin à ses jours ; mais comment pourrait-on appeler cela une guérison ? Comment est-il possible de perdre son individualité et de ne plus exister ?

Le maître spirituel est le médecin de l'âme ; il sait combien la vie est précieuse. C'est pourquoi, par pure compassion, il offre le remède qui redonne à l'existence sa véritable saveur. Telle est la beauté du service de dévotion !

○ (1) *mukti* : libération de l'existence matérielle (il existe cinq sortes de *mukti*)

o (2) *« L'humble sage qu'éclaire le vrai savoir voit d'un œil égal le brâhmana érudit et bienveillant, la vache, l'éléphant, le chien et le mangeur de chien. »* Bhagavad-gītā 5. 18

o (3) *brahma-bhūta* : niveau de réalisation spirituelle où l'on transcende l'identification au corps matériel et où l'on atteint la paix, la joie intérieure et l'égalité d'âme. Condition préalable à la *bhakti* pure (voir *Bhagavad-gītā* 18. 54)

o *« Etant donné qu'ils agissent toujours dans le cadre du service de dévotion, les bhaktas se sentent d'une fraîcheur sans cesse renouvelée dans toutes leurs activités. L'Omniscient, l'Âme Suprême dans le cœur du bhakta, donne en effet à toute chose une fraîcheur toujours nouvelle. Les tenants de la Vérité Absolue reconnaissent là le niveau du Brahman. Parvenu à cet état de libération (brahma-bhūta), l'être n'est plus jamais dérouté, pas plus qu'il ne s'afflige ou ne se réjouit sans raison valable. »*
Śrīmad-Bhāgavatam 4. 30. 20

☼ *69 Le chameau et les épines*

Le chameau aime mâcher les ronces. La saveur des épines mêlée au sang lui paraît délicieuse. La langue tailladée, il ne réalise pas qu'il se repaît de son propre sang… De la même façon, une personne absorbée dans la recherche de sa satisfaction personnelle, bien que constamment blessée par les conséquences de ses actes, n'est pas consciente de sa situation précaire. Elle ne cherche pas réellement à s'en libérer, mais se complaît au contraire dans la poursuite de plaisirs passagers.

Certaines études scientifiques soulignent que la qualité des spermatozoïdes de l'homme connaît un déclin préoccupant. Or, la production et le renouvellement de la semence requièrent de l'énergie et du temps, et sont intimement liés à la vitalité du sang. Offrir son sang, à moins d'être donneur volontaire, n'est jamais un acte anodin. Pourtant, chaque utilisation excessive de la semence puise dans cette énergie vitale…. C'est pourquoi une exposition précoce et répétée à la sexualité et à la pornographie affaiblit progressivement le corps et le mental, au détriment de la santé, de la stabilité émotionnelle et du caractère. Comment les jeunes hommes, en particulier, seront-ils capables d'engendrer des enfants sains et de bon caractère ?

Dans la culture védique, un homme qui consacrait les vingt-cinq premières années de sa vie à l'étude et à la continence héritait d'une mémoire, d'une santé et d'une intelligence remarquables. Parvenu à cet âge, il pouvait alors choisir de demeurer célibataire ou de se marier et fonder une famille. Plus tard, après avoir élevé leurs enfants, l'homme et la femme se tournaient ensemble vers une vie plus intérieure, voyageant dans des lieux de pèlerinage afin de préparer leur retour à Dieu.

En réalité, l'homme et la femme n'ont pas besoin du mariage pour avoir des relations sexuelles. Le caractère sacré de cette union existe avant tout pour canaliser et limiter la tendance naturelle de l'homme à vouloir jouir sans limites des femmes. Le renforcement de l'identification au corps, et à terme l'emprisonnement dans le cycle des morts et des renaissances (1) sont les conséquences inévitables de l'attachement au plaisir sexuel.

o   *« L'attrait entre mâle et femelle constitue le principe fondamental de l'existence matérielle. Sur la base de cette conception erronée qui enchaîne les cœurs, l'être développe une attirance pour son corps, son foyer, ses terres, ses enfants, ses proches et ses possessions. Il accroît ainsi son illusion, pour ne plus penser qu'en fonction du « moi » et du « mien (janasya moho 'yam aham mameti). »* Enseignements de *Ṛṣabhadeva* à ses fils. *Śrīmad-Bhāgavatam* 5. 5. 8

o   (1) *saṁsāra*, le cycle des naissances et des morts dans le monde matériel. Seule la renonciation aux désirs matériels et la reconnaissance de la source du *saṁsāra* - Dieu, le Seigneur Suprême (*Īśvara*, *Kṛṣṇa*) - libère l'âme de ce cycle.

☼ *70 Condition maladive et impersonnalisme*

Il arrive qu'une personne souffre depuis sa naissance d'une maladie grave. Elle se déplace difficilement, suit un régime alimentaire strict, avale de nombreux médicaments au goût détestable et subit régulièrement des injections. Lorsqu'une personne saine lui parle de tout ce qu'il est agréable de faire dans la vie normale - marcher, manger, respirer, jouir de la liberté de mouvement - le malade ne peut concevoir qu'une existence meilleure soit possible. Habitué à souffrir pour satisfaire le moindre de ses besoins, la vie lui apparaît dépourvue de saveur.

Ceux qui ont pris conscience des limites et des souffrances liées au corps - cette « condition maladive » de l'âme - cherchent parfois à se fondre dans un vide imaginaire, en prenant refuge dans l'aspect impersonnel de la Vérité Absolue. Ils ignorent qu'au-delà de l'état conditionné existe une vie pleine d'activités et de joie. Pour eux, la solution à la souffrance résiderait dans l'annihilation de la personnalité et la cessation de toute activité (1).

Leur expérience négative accumulée au fil des vies ressemble à celle du malade enchaîné à sa condition. Incapable de concevoir ce que signifie vivre pleinement, ils songent parfois au suicide ou considèrent la suppression de la vie comme la seule issue. Mais renier la vie pour la vider de toute substance est impossible. Les adeptes du vide (2) ont une connaissance partielle de la réalité spirituelle : ils ignorent les activités de l'âme et celles de Dieu. Ils préfèrent les rejeter en les qualifiant d'illusoires (*māyā*), les comparant aux activités matérielles. Ils ne peuvent accepter que nous soyons à jamais des personnes, que la Vérité Suprême soit aussi une personne et que Ses actes transcendent ce monde. Motivés par leur seul intérêt, ils pensent que la perte de l'individualité représente l'accomplissement ultime, alors qu'elle n'est en réalité que la cessation temporaire de leur souffrance.

Ainsi, les matérialistes courent après des plaisirs fugitifs, les philosophes empiriques spéculent sur la nature de l'être, et les impersonnalistes cherchent à annihiler leur individualité. Les *bhaktas*, quant à eux, vivent au-delà de l'illusion : ils expérimentent les activités propres à l'âme, sources de variété et génératrices d'un bonheur sans limite.

o *« La voie la plus trompeuse est celle où l'être désire se fondre en l'Absolu pour connaître la libération, car ainsi disparaît à jamais pour lui le service d'amour de Dieu, Kṛṣṇa (Kṛṣṇa-bhakti). »*
   Caitanya-caritāmṛta, Ādi-līlā 1. 92

o (1) *Nirviśeṣa* : aspect impersonnel et indifférencié de la Vérité Absolue, dépourvu de forme, de qualités et de variété.

o (2) *Śūnyavādi* : théorie du vide ou du néant.

☼ *71 L'expert électricien*

L'électricité est utilisée à de nombreuses fins : elle peut chauffer ou refroidir, éclairer ou faire fonctionner un moteur. Le courant électrique qui alimente un appareil de chauffage est le même que celui qui fait fonctionner un réfrigérateur. La différence n'existe qu'au niveau de l'utilisation finale. De la même façon, la dualité apparente de ce monde - le chaud et le froid, la lumière et l'obscurité, le bien et le mal - émane d'une seule et même origine.

Comme une centrale électrique fournit le courant à de nombreux appareils, une source unique est à l'origine de toutes les énergies matérielle et spirituelle. Cette source se situe au-delà de ce monde (1). L'énergie matérielle, ou énergie externe, est constituée de cinq éléments grossiers et de trois subtils (2). L'énergie interne, ou « supérieure », est constituée par les êtres vivants qui peuplent et animent l'univers phénoménal (3). Ainsi, matière et énergie spirituelle sont deux manifestations de l'énergie divine déployée à travers l'ensemble de la création cosmique.

De prétendus philosophes essaient parfois de séparer Dieu de Sa forme, ignorant qu'Il est absolu. En Lui aucune dualité n'existe. Les êtres vivants, incarnés dans un corps, sont distincts de celui-ci. L'Etre Suprême est pleinement unifié : en Lui, il n'y a ni séparation entre âme et corps, ni distinction entre matériel et spirituel (4).

Lorsque nous parlons de matériel et de spirituel, nous percevons une dualité. Mais du point de vue de la Source, il n'y a aucune séparation. Tout comme un électricien expert peut concevoir un même appareil capable de chauffer ou de refroidir, Dieu peut transformer l'énergie matérielle en énergie spirituelle et inversement. Cela est possible uniquement parce qu'Il est la source de ces deux énergies.

o   (1) Voir ☼ *23 Une situation incompatible* (1)

o   (2) *aparā-prakṛti*, la nature matérielle.
« La terre, l'eau, le feu, l'air, l'éther, le mental, l'intelligence et le faux ego, ces huit énergies matérielles sont Miennes, mais sont distinctes de Moi. »
Bhagavad-gītā 7. 4

o   (3) *parā-prakṛti*, la nature spirituelle.

« *Outre cette énergie inférieure, il existe une énergie supérieure qui M'appartient également. Elle comprend les êtres vivants qui exploitent les ressources de la nature matérielle.* » Bhagavad-gītā 7. 5

○ (4) *deha-dehi-vibhedo 'yaṁ neśvare vidyate kvacit, Kūrma Purāṇa.*
Voir commentaires *Bhagavad-gītā telle qu'elle est* 9. 34

☼ *72 Un corps sans tête*

Le corps humain est une machine infiniment complexe, dirigée par le cerveau. Il ne viendrait à l'idée de personne de supprimer la tête pour ne conserver que les bras ou les jambes… La tête coordonne le bon fonctionnement de tous les autres organes et permet à l'ensemble de fonctionner correctement.

La société humaine peut être comparée à un corps. Les intellectuels représentent la tête, les dirigeants politiques les bras, les commerçants et agriculteurs l'estomac, et les ouvriers les jambes (1). La tête guide le corps, les bras lui permettent de se protéger, l'estomac lui fournit l'énergie nécessaire pour agir, et les jambes lui donnent la mobilité. Toutes les parties sont importantes, mais la tête, comparativement aux autres, est la plus précieuse. Un corps complet mais dépourvu de tête ne peut ni vivre ni se diriger.

Parallèlement aux classes sociales, une société idéale comprend quatre catégories d'individus selon leur étape dans la vie : les étudiants célibataires, les chefs de famille, ceux qui se sont retirés de la vie sociale et familiale, et ceux qui vivent une existence de renoncement (2).

Aujourd'hui, la société est dans une situation chaotique, car elle n'a plus de tête pour la diriger. Les citoyens peuvent accomplir toutes sortes d'occupations variées, mais si elles ne servent qu'à satisfaire les intérêts égoïstes de chacun, personne ne peut être heureux. Chacun devrait agir selon le devoir qui lui est propre, en fonction de ses tendances naturelles et des facultés acquises à la naissance (2). Se contenter de satisfaire ses sens et ceux de ses proches ne fait pas de l'homme un véritable être humain. Une société qui se réduit à ce niveau est comparable à une société animale, incapable de paix durable.

Les dirigeants doivent s'appuyer sur une classe d'individus au caractère exemplaire et à l'intelligence raffinée. Sans une telle tête, comment la masse peut-elle être correctement guidée ? Une société qui se limite à perfectionner la manière de manger, dormir, se protéger et satisfaire ses désirs corporels ne vaut pas mieux qu'une société animale. Vivre uniquement pour ces plaisirs et ensuite mourir est insuffisant. Sans développer notre conscience supérieure, la vie idéale est tout simplement perdue.

o   (1) Ce sont les quatre divisions - *varnas* - de la société, fondées sur l'occupation naturelle de chacun : *brāhmaṇas, kṣatriyas, vaiśyas* et *śūdras.*

o   (2) Ce sont les quatre étapes – *āśramas* - : *brahmacarya* (étudiant), *gṛhastha* (vie de famille), *vānaprastha* (retraite) et *sannyāsa* (renoncement).
    « J'ai créé les quatre divisions de la société en fonction des trois gunas et des activités (karma) qui s'y rattachent. » Bhagavad-gītā 4. 13

o   *« Les occupations, les devoirs de l'homme accomplis par chacun selon sa position, sont autant d'efforts inutiles s'ils ne suscitent en lui un attrait pour le message du Seigneur Suprême. »* Śrīmad-Bhāgavatam 1. 2. 8

☼ 73 Le postier

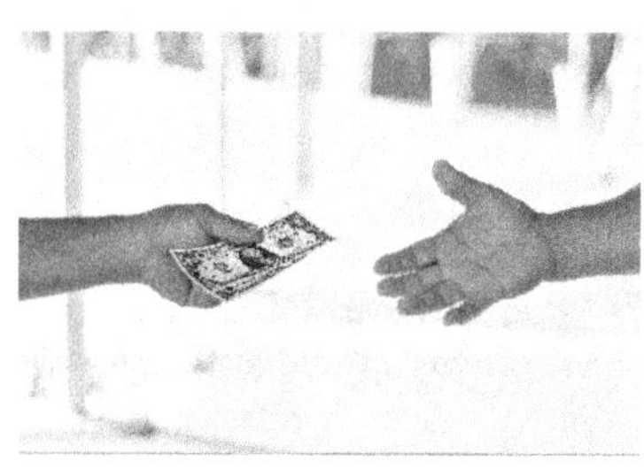

Un postier doit parfois remettre une importante somme d'argent à quelqu'un, sous la forme d'un mandat. Cet argent est bien réel et, s'il le compte et en connaît la valeur, il sait qu'il ne lui appartient pas. Il n'a pas besoin d'être lui-même riche pour pouvoir le remettre à son destinataire. En accomplissant son devoir avec honnêteté, il fait honneur à sa profession.

De la même façon, le maître spirituel transmet les paroles d'une autorité supérieure exactement telles qu'il les a reçues. D'un point de vue extérieur, il peut sembler imparfait. Mais tant qu'il ne tire pas fierté de son érudition et qu'il ne déforme pas le sens du message, il possède toutes les qualités requises pour enseigner. C'est pourquoi le savoir spirituel doit être transmis par une succession ininterrompue de maîtres à disciples (1).

Le plus élevé des savoirs est comme un nectar, mais il faut se garder de le recevoir d'une personne non qualifiée ou qui n'est pas un *vaiṣṇava* (2). Le lait est un aliment très nourrissant, mais s'il est goûté par la langue d'un serpent venimeux, il se change en poison. De même, tout écrit védique ou message transcendantal altéré par l'interprétation d'une personne non qualifiée perd sa valeur : comme le lait empoisonné, il produira l'effet inverse de celui attendu.

○   (1) *paramparā* : succession disciplique par laquelle la connaissance spirituelle est transmise « l'un après l'autre ».
« *Cette science suprême fut transmise à travers une succession disciplique,
et les saints rois la reçurent ainsi.* » Bhagavad-gītā 4. 2

○   (2) Un *vaiṣṇava* ou *bhakta* est un dévot de *Viṣṇu*, autre nom de Dieu.
Lorsque le *brāhmaṇa* comprend que la Vérité Absolue est une Personne, il
devient alors un *vaiṣṇava*. Ce dernier, du fait de sa position spirituelle sur-
passe même le *brāhmaṇa*. Selon l'estimation matérielle, le *brāhmaṇa* occupe la plus haute position au sein de la société, mais le *vaiṣṇava* transcende
même la vertu brahmanique.

☼ *74 Les trous des mulots et le chant des grenouilles*

Dans les champs cultivés, on trouve souvent des trous creusés dans la terre. Les mulots et autres rongeurs y vivent et se nourrissent des cultures. Les serpents le savent : ils s'y glissent, dévorent leurs occupants et s'installent ensuite dans ces terriers devenus vacants. Les autres animaux évitent d'y entrer, et les hommes prennent garde à ne pas y mettre la main.

De la même manière, si l'être humain, pourtant doté de cinq sens aux capacités merveilleuses, n'utilise pas ses oreilles pour écouter les paroles qui transmettent la connaissance transcendantale, celles-ci ne valent guère mieux que ces trous abandonnés dans les champs....

Il en va de même pour la langue. Si elle ne vibre pas de chants et de paroles glorifiant le Suprême, elle se perdra inévitablement en discours futiles. Et les sujets inutiles ne manquent pas ! Elle ressemble alors au coassement de la grenouille à l'approche de la pluie : ce cri indique au serpent le chemin le plus court pour venir l'avaler. Ainsi, l'usage incontrôlé de la parole invite la mort à dévorer notre existence.

À chaque coucher de soleil, un jour de plus disparaît. Nous possédons des oreilles, une bouche, un nez, des yeux, des mains et des jambes ; nous pouvons, selon notre choix, les utiliser pour une satisfaction éphémère ou les transformer en instruments au service de la transcendance.

o   *« Mahārāja Ambarīṣa fixait constamment ses pensées sur les pieds-pareils-au-lotus de Kṛṣṇa ; de sa bouche, il glorifiait toujours le Seigneur, de ses mains il nettoyait le temple du Seigneur et ses oreilles lui servaient à écouter les paroles prononcées par Kṛṣṇa ou au sujet de Kṛṣṇa. »*
Śrīmad-Bhāgavatam 9. 4. 18

☼ *75 Féminin et masculin*

Il est très difficile de percer le mystère de l'attraction entre l'homme et la femme ainsi que celui de leurs rôles respectifs, sans comprendre la nature profonde des principes masculin et féminin. Nous avons vu que l'être vivant, le *jīva*, qu'il soit incarné dans un corps d'homme ou de femme, appartient à l'énergie supérieure (1). Mais une fois au contact de l'énergie inférieure (2) par l'intermédiaire du corps et des sens, sa conscience se trouve voilée par l'illusion. Afin de pouvoir satisfaire son désir d'indépendance - qui est la cause de sa chute en ce monde - il assume alors artificiellement le rôle de bénéficiaire (3), cherchant à dominer la nature matérielle.

Les principes masculin et féminin, manifestés à travers l'homme et la femme, sont complémentaires, mais leur nature est distincte. La *prakṛti* est subordonnée au *puruṣa* : elle est l'objet du plaisir, tandis que le *puruṣa* en est le bénéficiaire. C'est pourquoi, dans le cadre de l'existence matérielle, il est si difficile pour la femme, qui incarne la *prakṛti*, d'être l'égale de l'homme, qui représente symboliquement le *Puruṣa* Suprême.... Pourtant, cette distinction est trompeuse : en réalité, hommes et femmes sont tous deux *prakṛti*, de nature féminine. Comme la partie n'existe pleinement que reliée au tout, ils sont destinés à servir avec amour le *Puruṣa* originel (4), le seul et véritable bénéficiaire, et non à usurper Sa position.

Lorsque chacun cherche à trouver son plaisir dans l'autre, hommes et femmes se retrouvent liés par le nœud extrêmement puissant de l'attachement (5), qui est à la racine même de l'existence matérielle. Nul n'échappe à cette attraction : où que l'on aille dans le monde, l'esprit de l'homme est naturellement attiré par la femme, et celui de la femme par l'homme...

La nature masculine devrait être utilisée pour respecter sans exploiter et protéger sans asservir. Lorsqu'elle est détournée de sa fonction, elle devient prédatrice et destructrice. Qui peut nier l'existence de ce fléau universel que sont les innombrables violences et abus exercés à l'encontre des femmes ?

La nature féminine est, quant à elle, empreinte de douceur et d'affection, car c'est à la femme qu'incombe la responsabilité de porter la vie, de la nourrir et de l'élever. La vie elle-même l'a voulu ainsi. Il lui est donc plus difficile d'adopter une psychologie propre à la nature masculine, qui est davantage dans la raison que dans l'affectif.

Lorsque la femme cherche à se libérer en reniant sa nature, elle peut éprouver un sentiment de liberté passager, mais artificiel. À terme, cette rupture avec son identité physique n'est satisfaisante ni pour les hommes ni pour les femmes, et ne les aide pas à progresser ensemble vers le véritable but de l'existence.

Enfin, ceux qui se sont affranchis de l'attachement matériel sans avoir rétabli leur lien avec la Source de tous les plaisirs (6) tombent dans l'illusion ultime : se prendre eux-mêmes pour le Bénéficiaire suprême. Cette errance ne prend fin que lorsqu'ils abandonnent toute motivation intéressée et prennent refuge auprès des vaiṣṇavas (7).

- o (1) (2) *parā-prakṛti* et *aparā-prakṛti*, voir ☼ *71 L'expert électricien*
  « *Outre cette énergie inférieure, il existe une énergie supérieure qui M'appartient également. Elle comprend les êtres vivants qui exploitent les ressources de la nature matérielle.* » *Bhagavad-gītā* 7. 5
- o (3) *puruṣa*
- o (4) *ādi-puruṣam*, la Personne originelle. Voir *Brahma-saṁhitā*
- o (5) *hṛdaya-granthi*, le nœud dans le cœur.
  « *L'attrait entre mâle et femelle (puṁsaṁ striyā mithunī-bhāva) constitue le principe fondamental de l'existence matérielle. Sur la base de cette conception erronée qui enchaîne les cœurs, l'être développe une attirance pour son corps, son foyer, ses terres, ses enfants, ses proches et ses possessions. Il accroît ainsi son illusion, pour ne plus penser qu'en fonction du « moi » et du « mien (janasya moho 'yam aham mameti).* » Enseignements de Ṛṣabhadeva à ses fils. *Śrīmad-Bhāgavatam* 5. 5. 8
- o (6) « *Parce qu'il sait que Je suis le bénéficiaire ultime de tous les sacrifices et de toutes les austérités, le Souverain Suprême de toutes les planètes et de tous les devas, l'ami et bienfaiteur de tous les êtres, l'être pleinement conscient de Ma personne échappe aux souffrances matérielles et connaît dès lors la paix.* » *Bhagavad-gītā* 5. 29
- o (7) *vaiṣṇava* : personne qui voue sa vie à *Viṣṇu* ou à *Kṛṣṇa*, le Seigneur Suprême ; synonyme de *bhakta*.

☼ *76 Action et responsabilité*

Tout acte est entaché de fautes et pourtant, sans agir, nul ne peut accomplir son devoir. On pourrait alors reprocher au Tout-Puissant nos erreurs, puisque c'est Lui qui nous a créés. Il semblerait injuste que nous ayons à assumer les conséquences de nos actes, d'autant plus lorsque ceux-ci sont accomplis sans intention consciente de nuire.

Prenons l'exemple de l'alcool. Si sa vente est autorisée par l'État, cela ne constitue en rien une incitation à s'enivrer. Chacun demeure libre d'en consommer ou non. Il serait absurde d'accuser le gouvernement d'être responsable des ravages causés par l'alcoolisme. Personne n'est contraint de boire, et il existe tant d'autres boissons accessibles…

Pourtant, alors qu'une loi autorise la vente d'alcool, une autre permet d'arrêter et de sanctionner quiconque est pris en état d'ivresse ou commet un délit sur la voie publique sous son influence. Qui est alors responsable du châtiment : le gouvernement ou la personne qui, par son propre comportement, a provoqué son arrestation ?

« Nul n'est censé ignorer la loi », dit l'adage. Autrement dit, nul ne peut se disculper d'une faute en invoquant l'ignorance des règles. Le rôle d'un bon gouvernement est d'être impartial envers tous. Toutefois, seuls ceux qui respectent la loi peuvent bénéficier de sa protection et des conditions favorables à une vie paisible et prospère.

Tout ce que nous accomplissons trouve son origine dans notre volonté, dans notre liberté d'agir. Ni Dieu ni la nature matérielle ne sont à blâmer pour les souffrances que nous endurons. Le monde nous offre d'innombrables possibilités pour satisfaire nos désirs, mais le choix de l'action juste nous appartient. Nous sommes seuls responsables des conséquences de nos actes. Nous récolterons demain les réactions des actes que nous semons aujourd'hui, de la même façon que nous récoltons aujourd'hui les fruits de ceux que nous avons semés hier (1).

Sur le plan matériel, l'action est cause d'asservissement, car toute action entraîne une réaction qui enchaîne son auteur. C'est pourquoi, sous la conduite d'un maître expérimenté, l'aspirant à la vie spirituelle apprend à agir de telle sorte que ses actes - bons ou mauvais - ne produisent plus de conséquences contraignante (2). Tel est le secret de l'action accomplie dans la connaissance.

o   (1) Les fruits des actes de vertu se manifestent par la naissance dans une bonne famille, *janma*, l'opulence matérielle, *aiśvarya*, une bonne éducation, *śruta*, et des traits physiques charmeurs, *śrī*. A l'inverse, les fautes « mures » ou « abouties », peuvent avoir pour fruit une basse naissance, des démêlés avec la justice, une maladie chronique, une éducation insuffisante ou une médiocre apparence physique.

o   (2) *« L'action doit être offerte en sacrifice à Viṣṇu (Yajña), sinon elle enchaîne son auteur au monde matériel. Aussi, remplis ton devoir afin de Lui plaire, et tu seras à jamais libéré des chaînes de la matière. »* *Bhagavad-gītā* 3. 9

o   *« L'homme doit agir par sens du devoir, détaché du fruit de l'acte, car par l'acte libre d'attachement on atteint le Suprême. » Bhagavad-gītā* 3. 19

☼ *77 Deux oiseaux sur un arbre*

Yoga signifie « se relier au divin ». Ce lien existe et peut se développer parce qu'il s'établit entre deux personnes. Et cette relation est bien plus proche qu'on ne l'imagine. En effet, la forme « localisée » du Suprême accompagne constamment l'être vivant. Comme deux oiseaux perchés sur un même arbre, l'âme distincte et l'Âme Suprême résident toutes deux dans le cœur, comparé à un nid. Tandis que l'une s'emploie à goûter les fruits de l'arbre, l'autre - l'Âme Suprême - se contente d'observer (1).

À l'image d'un parent impartial envers ses enfants, le Père (ou la Mère) suprême demeure parfaitement neutre. Il est absolu, quel que soit le corps dans lequel Il accompagne l'être vivant. Il réside en chacun de nous ; non seulement Il vit en tous, mais tous les êtres vivent aussi en Lui, puisqu'ils sont des manifestations de Son énergie. L'âme distincte, elle aussi, réside dans le cœur, mais contrairement à l'Âme Suprême, elle n'habite qu'un seul corps à la fois et n'est consciente que de sa propre individualité.

Témoin des actes et de l'état de conscience de chacun, l'Âme Suprême indique à la nature matérielle, parmi les huit millions quatre cent mille formes de vie, le corps le mieux adapté à la disposition mentale et aux désirs de l'âme incarnée. Tant que celle-ci demeure conditionnée, elle n'a ni maîtrise ni certitude quant à la forme qu'elle obtiendra dans sa prochaine existence.

Ce n'est que dans la forme humaine que l'âme infinitésimale (2) peut être éclairée par les enseignements de l'Âme Suprême, manifestation intérieure du Seigneur transcendantal (3) ou par ceux de Son représentant qualifié - Sa manifestation extérieure - le maître spirituel (4). Tout ce que le petit oiseau a à faire, c'est de se tourner vers le grand oiseau qui, depuis toujours, le regarde…

o   (1) « *L'Âme Suprême (Paramātmā) et l'âme infinitésimale (jīvātmā) vivent toutes deux dans le corps de l'être animé, semblable à un arbre, plus précisément dans son cœur. Celui qui s'est libéré de tout désir matériel et qui ne se lamente plus peut seul comprendre, par la grâce du Suprême, les gloires de l'âme.* » Kaṭha Upaniṣad 1. 2. 20

o   (2) *aṇu-ātmā*

o   (3) *vibhu-ātmā*

o   (4) « *Puisque nul ne peut percevoir de ses yeux la présence de l'Âme Suprême, Elle nous apparaît sous la forme d'un bhakta libéré. Un tel maître spirituel n'est autre que la manifestation de Kṛṣṇa, Dieu Lui-même.* » Caitanya-caritāmṛta, Ādi-līlā 1. 58

☼ *78 Plaisir et bonheur*

Il existe trois niveaux de satisfaction : *bhoga*, *tyāga* et *bhakti*. Les *karmīs* recherchent *bhoga*, le plaisir des sens. Les *jñānīs* recherchent une forme de négation du plaisir des sens au nom de *tyāga*, le renoncement. Le véritable bonheur, quant à lui, culmine dans *bhakti* ou *sevā*, le service dévotionnel.

Supposons que vous trouviez dans la rue un portefeuille contenant cent euros. Si vous le ramassez et gardez l'argent, vous savez au fond de vous que cet acte n'est pas honnête, car cet argent appartient à quelqu'un d'autre. Qui est cette personne ? Quand a-t-elle perdu ce portefeuille ? Vos pensées sont brièvement troublées, puis vous prenez quand même l'argent. Cette attitude correspond à *bhoga* : vous vous comportez comme un voleur en vous appropriant ce qui ne vous appartient pas.

Si, au contraire, vous laissez le portefeuille là où il est, votre esprit restera malgré tout agité. Vous penserez : « Il y avait un portefeuille avec de l'argent. Je ne l'ai pas pris parce qu'il ne m'appartient pas, mais quelqu'un d'autre risque de le ramasser et de le garder pour lui… Ce n'est pas bien. » Ne pas toucher au portefeuille, c'est *tyāga*, un renoncement qui reste incomplet, voire illusoire. L'attitude juste consiste à ramasser le portefeuille afin de le restituer à son propriétaire. Voilà ce qu'est *bhakti* : l'action accomplie dans la conscience du véritable possesseur.

Tout appartient à Dieu (1). Tous les êtres sont *īśvara* à un degré infinitésimal, mais un seul est *Maheśvara* (2), l'*Īśvara* suprême. Le *karmī* pense que les ressources du monde existent pour satisfaire son avidité et combler ses désirs. C'est la vision dominante du développement économique : la terre regorge de richesses, alors pourquoi ne pas en profiter ? Le *jñānī*, quant à lui, préfère renoncer à ce qu'il perçoit comme une source de problèmes. Mais lorsqu'aucune chose ne nous appartient réellement, à quoi peut-on véritablement renoncer ?

Le vrai bonheur réside dans *sevā*, l'attitude qui consiste à dire :
« Ceci est la propriété de Dieu. Il en est le véritable possesseur. Je
vais donc l'utiliser pour Son plaisir, avec amour (*bhakti*). » Une telle
conscience permet de recevoir en retour la connaissance et le détachement, et d'expérimenter enfin le bonheur sans limite que nous
recherchons (3).

o   (1) « *De tout ce qui existe en cet univers, de l'animé comme de l'inanimé, le
    Seigneur est maître et possesseur. Chacun doit donc prendre uniquement la
    part qui lui est assignée selon ses besoins, sachant bien à qui tout
    appartient.* » Śrī Īśopaniṣad 1
    « *Parce qu'il sait que Je suis le bénéficiaire ultime de tous les sacrifices et
    de toutes les austérités, le Souverain Suprême de toutes les planètes et de
    tous les devas, l'ami et bienfaiteur de tous les êtres, l'être pleinement
    conscient de Ma personne échappe aux souffrances matérielles et connaît
    dès lors la paix.* » Bhagavad-gītā 5. 29
o   (2) *Maheśvara*, de *māhā*, grand et *īśvara*, contrôleur.
o   (3) « *L'occupation suprême pour l'homme est celle qui le conduit à servir
    avec amour la Transcendance. Pour satisfaire pleinement l'âme, ce service
    de dévotion doit être immotivé et ininterrompu. Qui sert le Seigneur
    Suprême, Vāsudeva, avec amour et dévotion, acquiert aussitôt, par grâce, le
    savoir et le détachement.* » Śrīmad-Bhāgavatam 1. 2. 6-7

☼ *79 La métamorphose de la chenille*

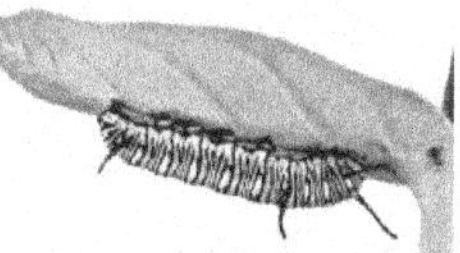

À force de penser à la transformation qu'elle porte en elle, la chenille, à un moment précis de son existence, devient papillon.

Le mental est par nature fébrile et instable. Mais si nous parvenons à le fixer sur l'objet de notre adoration - le Seigneur Suprême, sous l'une ou l'autre de Ses formes personnelles - nous sommes assurés d'acquérir, au terme de cette vie, des attributs spirituels semblables aux Siens, avec la même certitude que la chenille obtiendra le corps d'un papillon…

A notre époque, le chant des Noms divins est le moyen le plus puissant pour opérer cette transformation. Par sa pratique régulière, le cœur se purifie et, lorsque cette vie s'achève, l'âme peut quitter le cycle des morts et des renaissances répétées pour atteindre la demeure éternelle, revêtue de son corps spirituel.

o   *« Gloire au saṅkīrtana de Śrī Kṛṣṇa ! Il nettoie les impuretés accumulées sur le miroir du cœur et éteint le feu brûlant de l'existence conditionnée, avec ses naissances et ses morts sans fin. Le mouvement de saṅkīrtana répand sur tous les hommes la bénédiction la plus grande, répandant ses rayons comme la bienveillante lune. Âme du savoir spirituel, il fait croître l'océan de félicité et nous donne de savourer le nectar après lequel nous languissons sans cesse. »* Śrī Caitanya, Śikṣāṣṭaka 1
o   *« Aucun effort dans cette voie n'entraîne la moindre perte et tout progrès, aussi modeste soit-il, nous libère du plus redoutable danger. »* Bhagavad-gītā 2. 40

☼ *80 La source de nos sentiments*

Tout le monde cherche le bonheur. Nous tentons de reproduire ici-bas la vie idéale à laquelle nous aspirons, emplie de sentiments amoureux, parentaux ou amicaux durables. Pourtant, ce monde n'est pas notre véritable demeure, mais seulement un reflet de la réalité, comme le mirage dans le désert est le reflet d'une vaste étendue d'eau.

Si l'homme a créé une société où peuvent s'exprimer l'amour et l'amitié, c'est parce que ces sentiments appartiennent à sa nature la plus profonde. Nous nous engageons à corps perdu dans ces relations afin d'étancher notre soif d'aimer et d'être aimé, mais cette plénitude ne peut être véritablement atteinte qu'en nous reliant à la source même d'où ces sentiments émanent.

Nous sommes des parcelles infimes du Suprême, qui est le réservoir originel de l'amour et de la félicité purs (1). Parce qu'Il goûte éternellement le bonheur suprême en compagnie des âmes libérées, qui participent à Sa joie dans une infinité de relations - comme amantes, parents, amis ou serviteurs (2) - notre nature profonde est, elle aussi, de prendre part à ce bonheur.

o (1) *ānandamaya 'bhyāsāt. « Celui qui par nature déborde de félicité. »* *Vedānta-sūtra* 1. 1. 12
raso vai saḥ. « Il est le réservoir de tous les plaisirs. » *Taittirīya Upaniṣad* 2. 7. 1

o *« Les êtres, en ce monde matériel sont des fragments éternels de Ma Personne. » Bhagavad-gītā* 15. 7

o (2) *rasas*, les relations et sentiments - de nature originellement spirituelle - par lesquels l'âme échange avec Dieu.

☼ *81 Les yeux sur les plumes du paon*

À l'extrémité des plumes du paon, on a l'impression que des yeux ont été peints. Bien entendu, ces magnifiques « yeux » ne voient pas. Nos propres yeux, eux, nous permettent de percevoir le monde qui nous entoure, mais ils sont incapables de contempler la réalité spirituelle. Cela ne signifie pas pour autant que celle-ci n'existe pas, ni qu'il n'existe pas une autre manière de voir.

Nous pouvons conférer à nos yeux une capacité supérieure, leur permettre de voir au-delà du visible. Comment ? En contemplant avec amour la forme spirituelle de la *mūrti* (1) dans le temple. Cette vision élève nos facultés sensorielles ordinaires et devient une expression directe de la dévotion. Contempler ces formes divines, les servir, nous aide à nous détacher des formes matérielles illusoires, y compris de celles que notre propre imagination projette.

De même, lorsque nous écoutons les récits qui glorifient la Personne Suprême - Son Nom, Sa forme, Ses attributs et Ses divertissements - nous accédons à une autre forme de vision, par l'écoute. Il nous arrive d'oublier combien l'eau est précieuse et que c'est la pureté de son goût qui la rend si agréable. Pourtant, en étanchant simplement notre soif, nous pouvons percevoir la présence du Seigneur à travers l'une de Ses énergies et Le glorifier à cette occasion (2). Enfin, Il peut être vu partout lorsque nous L'honorons dans Sa manifestation de *Paramātmā*, qui réside dans le cœur de tous les êtres (3).

Ceux qui ne peuvent comprendre la nature personnelle de la Vérité Absolue tentent de s'identifier au *Brahman* impersonnel (4). Incapables de se concentrer durablement sur ce qui serait dépourvu de forme, ils imaginent une forme de leur choix sur laquelle méditer (5), pour ensuite la rejeter et conclure que toute forme est illusion...

Ils citent l'exemple de quelqu'un qui escalade un mur à l'aide d'une échelle et qui, une fois arrivé au sommet, la rejette pour ne plus jamais redescendre. Les Védas enseignent au contraire que tous les êtres vivants - et à plus forte raison l'Être Suprême - possèdent une forme éternelle. Comment Dieu, source de toute existence, serait-Il privé de ce que nous possédons nous-mêmes ?

Alors que notre forme actuelle est temporaire et disparaîtra à l'heure de la mort, les formes de Dieu sont éternelles et non différentes de Lui. Sa forme originelle, ainsi que celles de toutes Ses émanations (6), existent à jamais dans le monde spirituel. En tant que parties infinitésimales du Tout Absolu, nous possédons nous aussi une forme semblable en qualité à la Sienne - faite de connaissance, d'éternité et de félicité.

Ainsi, il ne s'agit pas de renoncer à voir, mais d'apprendre à voir correctement, en utilisant nos yeux pour contempler les Formes Divines. Sans cela, ces organes n'ont pas plus de valeur que les splendides yeux peints sur les plumes du paon...

o   (1) *mūrti*, ou *arca-vigraha*. Manifestation de la forme personnelle de Dieu à travers certains matériaux consacrés. Présent réellement dans cette forme, le Seigneur accepte l'adoration et le service de Ses dévots.

o   (2) *raso 'ham apsu kaunteya*, « *De l'eau Je suis la saveur.* » *Bhagavad-gītā* 7. 8

o   (3) *īśvaraḥ sarva-bhūtānāṁ, hṛd-deśe 'rjuna tiṣṭhati*, « *Le Seigneur Suprême Se tient dans le cœur de tous les êtres.* » *Bhagavad-gītā* 18. 61

o   (4) Les philosophes athées qui affirment que toutes les distinctions ne sont que des illusions matérielles portent le nom de *mayāvādīs*.

o   (5) *pañcopāsanā* : *Viṣṇu, Surya, Śiva, Durga et Gaṇeśa*

o   (6) *Viṣṇu-tattva*

o   « *Mahārāja Ambarīṣa utilisait ses yeux pour contempler la mūrti de Kṛṣṇa, les temples de Kṛṣṇa et les lieux où Il demeure ; il utilisait son sens du toucher pour toucher le corps des serviteurs du Seigneur, son sens de l'odorat pour sentir le parfum des feuilles de tulasī offertes au Seigneur et sa langue pour goûter Son prasāda.* » *Śrīmad-Bhāgavatam* 9. 4. 19

☼ *82 De la source à l'océan*

Depuis la source, la rivière se fraie naturellement un chemin jusqu'à l'océan, sans effort particulier. L'amour pur qui sommeille en nous est destiné à s'écouler de la même façon : sans motif personnel et sans interruption. Ce yoga est à la fois simple et sublime. Il consiste à diriger progressivement ses pensées vers la forme de l'Être Suprême, jusqu'à s'attacher à Lui spontanément (1).

Lorsqu'un homme voit une jeune femme, il se dit : « Qu'elle est séduisante ! » Et la jeune femme pense de son côté : « Quel bel homme ! » Aucun effort n'est requis pour que naisse l'attirance… Si nous avons la chance de percevoir la beauté de la Personne Suprême ou d'écouter les récits fascinants qui parlent de Lui (2), pourquoi ne serions-nous pas captivés de la même manière ? Comme la rivière qui se dirige naturellement vers l'océan, sans hésitation ni interruption, notre amour est destiné à couler en direction de l'Infiniment Fascinant.

Yoga signifie se relier. Il est vrai que des difficultés peuvent apparaître au début, car nous avons vécu de nombreuses vies en oubliant ce lien. Mais lorsque nous recevons, par grâce, le pouvoir de le rétablir, le courant reprend son cours naturel et s'écoule vers un océan d'amour… Voilà la perfection du yoga !

L'Amour véritable est sans motivation : il n'attend rien en retour (3), ni santé, ni richesse, ni reconnaissance, ni quelque autre bénéfice passager. Sa seconde caractéristique est d'être ininterrompu (4). S'il est irrésistible, c'est parce qu'il ne dépend d'aucune condition extérieure. Ainsi, une personne pauvre n'a aucune raison de penser : « Je ne peux aimer Dieu maintenant, car je n'ai pas d'argent. Peut-être plus tard, lorsque je serai riche… » Non, rien ne peut entraver cet amour !

Mais comment pratiquer ce yoga de l'amour ? En prenant refuge auprès de Dieu ou de Son représentant, et en suivant fidèlement leurs instructions.

Un malade qui souhaite guérir doit accepter le remède et respecter les prescriptions du médecin. De la même façon, pour guérir de notre conditionnement et ne pas dévier du but, il est nécessaire de commencer par une discipline. Accepter ce qui est favorable et rejeter ce qui est nuisible - notamment en abattant les quatre piliers de l'*Âge de Kali* (5) - constitue la base indispensable de ce progrès.

- (1) *« Ecoute comment, en pratiquant le yoga, la conscience et le mental fixés sur Moi, il te sera possible de Me connaître pleinement, sans que demeure le moindre doute. » Bhagavad-gītā* 7. 1
- (2) Tel que le *Śrīmad-Bhāgavatam*, spécialement destiné à l'*Âge de Kali*.
- (3) *ahaitukī*, immotivé
- (4) *apratihatā*, ininterrompu
- (5) le *Kali-yuga* ou « âge de fer », est le dernier des quatre âges. Il a commencé il y a environ 5000 ans et marque le fort déclin des valeurs spirituelles. Les quatre « piliers » de l'*Âge de Kali* sont :
  . L'intoxication sous toutes ses formes
  . La consommation de chair animale
  . Les jeux de hasard
  . Les relations sexuelles illicites
- *« L'occupation suprême pour l'homme consiste à servir l'Absolu Seigneur avec amour et dévotion. Lorsqu'il devient immotivé et ininterrompu, ce service de dévotion a le pouvoir de combler l'âme. »*
  Śrīmad-Bhāgavatam 1. 2. 6

☼ *83 Sauver la planète*

Beaucoup de gens pensent aujourd'hui que l'urgence absolue est de « sauver » la planète, en protégeant l'environnement et en découvrant des sources d'énergie moins polluantes, tant qu'il en est encore temps. Ils comptent sur les progrès de la science pour éliminer la pollution, préserver leur mode de vie et inventer de nouveaux moyens de produire, de consommer et de se déplacer, avant que les réserves de pétrole ne soient totalement épuisées. Ils ignorent presque tout de leur propre destinée, mais s'inquiètent de savoir comment leurs enfants et petits-enfants pourront encore conduire des automobiles…

Il arrive que le vent ou le courant d'une rivière rassemble des brindilles, avant de les disperser peu de temps après. De la même façon, la nature matérielle crée les circonstances qui regroupent les individus en « familles », puis les sépare inéluctablement à l'heure de la mort. Où sont passés les grands-parents ? Que deviendront les petits-enfants ? Et si ces mêmes enfants devaient renaître dans d'autres espèces, sous la forme de chats ou de chiens, comment pourraient-ils alors conduire des automobiles… ?

Égarée par *māyā*, l'énergie d'illusion, et ayant tourné le dos à Dieu, la science est engagée dans une fuite en avant pour trouver sans cesse de nouvelles sources d'énergie. Pourtant, il est évident que les mêmes causes produisent toujours les mêmes effets. Sans comprendre la nature de ce monde et la véritable mission de la vie humaine, toute « solution » à court terme ne fait que déplacer le problème.

Comment mettre fin à la prédation maladive de l'homme, qui le pousse à piller les ressources naturelles, à détruire l'environnement pour fabriquer des objets inutiles ou des armes toujours plus destructrices, et à exploiter de manière cruelle, à une échelle inédite, les autres formes de vie ?

Pris dans le piège des promesses d'une vie toujours plus confortable, l'homme est incapable de se libérer de son avidité destructrice (1).

C'est pourquoi ceux qui ont compris l'importance de la réalisation spirituelle ont le devoir de diffuser ce message à travers le monde. C'est le plus grand acte de bienfaisance qu'ils puissent accomplir - le seul, en réalité, qui permette à l'homme de se sauver lui-même, avant de prétendre « sauver » la planète…

o (1) *« L'âme égarée par le faux ego croit être l'auteur d'actes qui sont en réalité accomplis par les trois modes d'influence de la nature matérielle. »* Bhagavad-gītā 3. 27

o *« Plongé dans l'oubli de Kṛṣṇa, l'être vivant s'est laissé séduire par Son énergie externe depuis des temps immémoriaux. Voilà pourquoi māyā, l'énergie illusoire, lui fait subir toutes sortes de souffrances en ce monde. »* Caitanya-caritāmṛta, Madhya-līlā 20. 117

☼ *84 L'instrument du mental*

Le mental peut être l'instrument de notre asservissement comme celui de notre libération. Par nature, l'homme développe des liens avec ses semblables et avec tout ce qui vit, car l'attachement à un objet impersonnel n'est qu'une illusion. Le plus haut yoga consiste à fixer son mental sur l'une des formes personnelles de Dieu, en pensant constamment à Lui (1). Écouter Ses gloires, chanter Ses Noms, contempler une photographie, une peinture ou toute représentation reconnue (2) deviennent des sources d'inspiration et de méditation, conduisant à l'état parfait de *samādhi*.

Il est en réalité impossible de penser à quelque chose d'impersonnel. Si l'on tente de faire le vide, le mental finira inévitablement par se fixer sur une forme, une couleur ou une image quelconque. Puisque le mental a besoin d'un support, pourquoi ne pas le concentrer sur la forme personnelle de Dieu, tout en chantant Son Nom ? En absorbant ainsi nos pensées en Lui, nous entrons en contact direct avec Lui.

Pour pratiquer ce yoga et rendre notre concentration stable et durable, il est nécessaire de prendre refuge auprès de celui qui Lui est le plus proche : Son représentant, le maître spirituel réalisé. Il convient ensuite de suivre fidèlement ses instructions. C'est là la voie du succès.

o (1) « *Et de tous les yogis, celui qui, avec une foi totale, demeure toujours en Moi et médite sur Moi en Me servant avec amour, celui-là est le plus grand et M'est le plus intimement lié. Tel est Mon avis.* » *Bhagavad-gītā* 6. 47

o (2) *arcāvatāra*, incarnation de l'*arcā*, la Forme Divine : image, peinture, *mūrti* (voir Glossaire).

o « *Ecoute comment, en pratiquant le yoga, la conscience et le mental fixés sur Moi, il te sera possible de Me connaître pleinement, sans que demeure le moindre doute.* » *Bhagavad-gītā* 7. 1

o « *La connaissance ultime de la Personne Suprême est révélée par quatre aspects : Son nom, Sa forme, Ses qualités et Ses activités. Tout autre objet de connaissance qui ne possède pas ces caractéristiques n'a pas d'existence réelle, comme c'est le cas du Brahman impersonnel. Il dépend du Seigneur Suprême.* » *Harinam-cintāmani* 2. 16

☼ *85 La famille originelle*

Il arrive que le fils d'un homme riche souhaite vivre sa propre vie et assouvir ses désirs. Le père, généreux, lui dit alors : « Prends cet argent et fais ce qu'il te plaît... Tu es libre, après tout. » De la même manière, cette vie matérielle est comme une concession qui nous est accordée afin de satisfaire nos désirs. Nous sommes ici parce que nous l'avons voulu, et si nous sommes aujourd'hui empêtrés dans nos difficultés, Dieu n'y est pour rien.

Nous étions seuls, puis nous avons choisi d'assumer la responsabilité d'une famille. Pourquoi désirons-nous avoir des enfants ? Sans doute parce qu'il est agréable de vivre en leur compagnie. Pourquoi recherchons-nous des amis ? Pourquoi souhaitons-nous vivre en couple ? Parce que nous aspirons à étendre notre bonheur, à jouir d'un foyer chaleureux, en compagnie d'une femme, d'un homme, d'amis, d'enfants ou même d'animaux...

Et pourtant, la vie de famille est souvent bien éloignée de ce que nous avions imaginé. Dans de nombreux foyers, subvenir simplement aux besoins des siens devient difficile, parfois même source de grandes souffrances. Mais parce qu'ils partagent le même idéal de bonheur, l'homme et la femme sont prêts à accomplir d'innombrables sacrifices pour l'atteindre, même lorsqu'ils ont le sentiment de ne jamais y parvenir.

Dieu aussi est une personne (1). Il a engendré les êtres vivants ; ils sont donc Ses enfants (2). Pourquoi les a-t-Il créés, sinon pour se réjouir de leur compagnie ? D'où vient notre désir de vivre heureux, entourés de proches, et d'échanger avec eux des sentiments amicaux, amoureux ou parentaux (*rasas*) ? Quelle en est l'origine ? Elle se trouve en Dieu (3), car Il est la source même de l'amour. Lui-même échange des sentiments amoureux avec Sa compagne éternelle (4). Notre besoin d'aimer vient donc de Lui. Les sentiments que nous expérimentons ici ne sont que le reflet imparfait de cette réalité originelle.

Étant la source de tout ce qui existe, comment pourrait-Il être impersonnel ? Il est une personne, comme vous et moi. La différence est que Son pouvoir est illimité, tandis que le nôtre est infime. Nous avons quelques enfants ; Il en a des milliards… Comme nous, Il souhaite vivre entouré de Sa famille, et c'est pourquoi Il a engendré tous les êtres vivants.

La famille idéale, la famille originelle, existe réellement, et cet enseignement spirituel a pour but de nous guider vers elle. Mais il est impossible de la rejoindre tant que nous nous contentons de l'amitié et de l'amour matériels. Pour retrouver notre famille divine, il nous faut vaincre l'illusion en changeant l'objet de notre attachement, avant que la mort ne vienne interrompre notre rêve.

o   (1) *nityo nityānāṁ cetanaś cetanānām*, « *D'entre tous les êtres éternels, il est un Etre éternel primordial, suprême et unique soutien de toute vie.* » *Kaṭha Upaniṣad* 2. 2. 13

o   (2) « *La nature matérielle donne naissance à toutes formes de vie et Je suis le père qui donne la semence.* » *Bhagavad-gītā* 14. 4

o   (3) « *Je rends mon hommage à Śrī Kṛṣṇa, au fils de Vasudeva, qui est Dieu, l'omniprésente Personne Suprême. Je médite sur Lui, réalité sublime, cause première de toutes les causes, et de qui émanent les univers manifestés, en qui ils reposent, par qui ils sont anéantis.* » *Śrīmad-Bhāgavatam* 1. 1. 1

o   (4) *Rādhā* ou *Rādhārani*

☼ *86 Ouvrir ses volets*

Le soleil dispense chaleur et lumière à tous, sans distinction : riches ou pauvres, animaux ou plantes. C'est souvent lorsqu'on en est privé que l'on réalise combien il est précieux. Il est qualifié de *pavitra*, pur, car son pouvoir est tel qu'il peut évaporer l'urine sans être souillé. Et même si quelqu'un crache en sa direction, le crachat ne l'atteint pas ; il retombe simplement sur celui qui l'a projeté.

Au matin, le brouillard se dissipe peu à peu à l'apparition des premiers rayons. De la même manière, les conséquences de nos fautes s'estompent progressivement à mesure que nous avançons sur le chemin spirituel. Tous peuvent profiter de cette lumière généreuse et bienfaisante. Mais si nous fermons volontairement nos volets, si nous préférons demeurer dans l'obscurité, c'est notre choix ; inutile alors de nous en prendre au soleil !

À l'image de l'astre solaire, l'Être Suprême est de nature bienveillante. Il est toujours prêt à accueillir celui qui se tourne vers Lui. Contrairement à l'homme, qui juge ses semblables selon leur naissance, leur origine, leur condition sociale ou leur apparence, Dieu est impartial (1). Chacun peut donc bénéficier de Son amour, tout comme ceux qui, en ouvrant leurs volets, laissent entrer chez eux la lumière du jour (2).

o   (1) *samo 'ham sarva-bhūteṣu*, « *Je Me montre égale envers tous.* »
Bhagavad-gītā 9. 29
« *Ceux qui prennent refuge en Moi, qu'il s'agisse d'hommes de basses naissances, de femmes, de vaiśyas (classe mercantile) ou de śūdras (classe ouvrière), tous peuvent atteindre le but suprême.* » *Bhagavad-gītā* 9. 32

o   (2) *Asato mā sad gamaya tamasi mā jyotir gamaḥ*, « *Ne restez pas dans l'illusion, allez vers la réalité éternelle ; ne restez pas dans l'obscurité, allez vers la lumière.* » *Bṛhad-āranyaka Upaniṣad* 1. 3. 28

☼ *87 Un parfait gentleman*

Dans une société évoluée, un homme parfaitement éduqué, un véritable « gentleman », se reconnaît à trois critères :
. Il considère toute femme, autre que son épouse, comme sa propre mère ;
. La richesse d'autrui et un tas de boue ont pour lui une valeur égale ;
. Il partage les joies et les peines des autres comme si elles étaient les siennes, conscient de ce que signifie véritablement souffrir.

Ces trois critères permettent de mesurer le degré d'éducation et de noblesse d'un homme… Mais où trouver aujourd'hui de telles personnes ?

o   *Cāṇakya Paṇḍita. Nīti-śāstra* 12. 14

☼ *88 Infiniment grand et infiniment petit*

Les espèces moins évoluées que la nôtre sont elles aussi engagées dans la lutte pour l'existence : manger, dormir, avoir des relations sexuelles et se défendre. Même les *devas*, qui vivent dans les mondes supérieurs, répondent à ces impératifs. Chacun accomplit de nombreux actes semblables en qualité, mais dont l'échelle et la portée diffèrent.

Si vous bloquez le passage d'une fourmi, elle tentera de contourner l'obstacle. Un serpent vous aurait peut-être mordu. L'être humain réagit à sa manière, avec la bombe atomique : il se défend aussi, mais à une échelle supérieure…

En marchant, vous pouvez écraser sous vos pieds une multitude d'insectes. Pourtant, sachez qu'il existe des êtres supérieurs capables de vous anéantir en un instant : ne vous croyez jamais plus important que ce que vous êtes. Dans la création, il existe toujours plus petit que soi, mais aussi plus grand.

Certaines créatures ne vivent qu'une seule nuit, durant laquelle elles naissent, grandissent, se reproduisent et meurent au lever du jour. Si l'on tentait de leur expliquer que cette « nuit » ne représente qu'une fraction d'une vie humaine, que trente nuits forment un mois, douze mois une année, et qu'un homme peut vivre un siècle… comment pourraient-elles comprendre ?

La vie de Brahmā, elle, équivaut à des millions de nos années terrestres (1). Certains pensent que ce sont des légendes, mais la littérature védique fournit de nombreux détails sur des êtres plus grands que le plus grand ou plus petits que le plus petit. Notre cerveau, si limité, ne peut en saisir pleinement la portée. Dès lors, comment espérer comprendre Dieu à l'aide de nos sens et de notre intelligence ?

Nous accordons beaucoup d'importance à la vue. Or, nous ne voyons réellement qu'une partie de la réalité, de façon imparfaite et dans des conditions bien spécifiques. Nos yeux, par exemple, ne perçoivent qu'une partie de la réalité, imparfaite et conditionnée. Nos sens matériels sont comme des instruments émoussés : ils ne nous permettront jamais de saisir l'infini. Dieu est plus grand que l'infiniment grand, et plus petit que l'infiniment petit (2).

o   (1) *« A l'échelle humaine, un jour de Brahmā équivaut à mille des différents âges et autant sa nuit. » Bhagavad-gītā* 8. 17

o   (2) *Aṇor aṇīyān mahato mahīyān. « Plus petit que le plus petit et plus grand que le plus grand, l'ātmā demeure dans le cœur de chaque être vivant. » Kaṭha Upaniṣad* 1. 2. 20

o   *« J'adore Govinda, le Seigneur originel, qui forme un tout non différencié, puisque Ses énergies ne diffèrent pas de Sa personne. En Lui, les innombrables univers puisent leur existence et leur création n'enlève rien à Sa puissance propre. Dans sa plénitude, Il se trouve aussi présent au cœur du moindre atome de l'univers. » Brahma-saṁhitā* 5. 35

☼ *89 Piloter son propre avion*

Lors d'une inondation, la rivière entraîne une multitude d'objets : plantes, branches, brindilles... De même, nous sommes emportés par le courant de l'illusion de *māyā*, tantôt engloutis, tantôt flottant à la surface, parfois échoués sur l'une ou l'autre rive du cours d'eau. Un jour rois d'un royaume, un autre vivant une existence animale... Le grand fleuve de la vie réunit ainsi tous les êtres avant de les disperser lorsque vient la mort.

Nous formons des groupes, des familles, des communautés, au sein desquels nous développons des liens d'amour et d'amitié. Mais tous seront, eux aussi, entraînés. En vérité, nul n'est réellement père, mère, frère ou sœur... Aspirées dans un tourbillon, ces relations nous emportent vers une destination inconnue. Et les liens que nous tissons avec nos proches sont si puissants que nous n'éprouvons aucune envie de retourner vers notre demeure originelle.

C'est pourquoi, à l'image d'Arjuna sur le champ de bataille de *Kurukṣetra*, nous devons affronter ces liens de parenté et les « tuer » symboliquement, en acceptant les instructions de *Kṛṣṇa*. Il faut avoir perdu la raison (1) pour croire que notre entourage - famille, amis, amours, patrie ou relations sociales - pourra nous protéger. Que peuvent faire pour nous ceux qui partagent le même destin (2) ?

Nous subissons tous l'influence de la nature matérielle, et aucun de nos proches ne dispose d'une indépendance suffisante pour nous sauver. Si nous sommes dans un avion volant très haut dans le ciel, aucun autre appareil ne peut nous secourir en cas de défaillance... Voilà pourquoi il est indispensable de devenir un excellent pilote de son propre avion. Chacun doit donc d'abord s'occuper de lui-même avant de pouvoir réellement aider les autres.

Comment se libérer de l'illusion ? Le maître spirituel donne les instructions nécessaires, mais il revient à chacun de les mettre en pratique. Si vous les suivez fidèlement, vous êtes saufs.

Dans le cas contraire, quel espoir reste-t-il de se libérer ? Par ses instructions et par sa miséricorde, il peut vous sauver - à condition que vous le désiriez sincèrement.

o   (1) *pramatta*, fou. Se dit de celui qui, sous le charme de l'illusion, essaie de jouir de ce qui n'a pas de réalité. Il est semblable à la personne atteinte de folie.

o   (2) *« L'âme égarée par le faux ego croit être l'auteur d'actes qui sont en réalité accomplis par les guṇas, les trois modes d'influence de la nature matérielle. » Bhagavad-gītā 3. 27*
« Il est très difficile de surmonter cette divine énergie que constituent les trois guṇas. Mais qui s'abandonne à Moi en triomphe aisément. »
Bhagavad-gītā 7. 14

☼ *90 Décoration sur un cadavre*

Dans les pays développés, de nombreuses facilités existent pour résoudre les problèmes du quotidien et rendre la vie plus confortable. Les villes sont bien aménagées, les routes larges, les monuments imposants, les maisons équipées de tout le confort moderne. Les écoles et les universités disposent de moyens considérables pour instruire et former les jeunes dans les disciplines les plus variées.

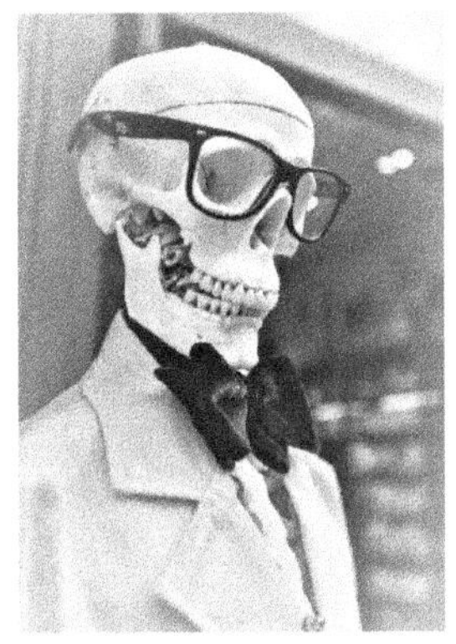

Pourtant, malgré toutes ces facilités, beaucoup se retrouvent en marge de la société : rejetés, frustrés ou déçus… Sans conscience spirituelle, aucun progrès matériel ne peut apporter de satisfaction durable ; c'est comme vouloir décorer un cadavre.

Qui s'intéresse réellement à un cadavre dont l'apparence serait agréable ? Parce que la vie l'a quitté, parce que l'âme est partie, plus personne n'en veut. Certains peuvent éprouver une curiosité passagère à le contempler, mais en réalité, il est vain de le décorer : il est voué à se décomposer et à disparaître…

De la même manière, les inventions les plus brillantes et les commodités modernes restent stériles sans la connaissance fondamentale de soi. Elles sont privées de vie réelle et ne peuvent nous rendre heureux, tout comme un cadavre joliment présenté demeure incapable de parler ou de se mouvoir.

Si vous souhaitez réellement œuvrer pour votre famille, vos concitoyens ou votre pays, développez et diffusez la science spirituelle. Grâce à elle, chacun pourra prendre conscience de la valeur de sa vie, et la véritable beauté - celle de l'âme - se manifestera dans leurs actes, contribuant ainsi à embellir le monde.

○ *« La naissance dans une famille de la haute société ou dans une grande nation, la connaissance des Ecritures révélées, l'accomplissement de pénitences et d'austérités, le chant des mantras védiques ne sont, pour celui qui
est dépourvu de service dévotionnel (bhakti), que des ornements sur un cadavre. »* Enseignements de *Śrī Caitanya* à *Rūpa Gosvāmī.*
Caitanya-cāritamṛta, Madhya-līlā 19. 75 / *Hari-bhakti-suddhodaya* 3. 12

☼ *91 Justice et éducation*

Dans tout gouvernement existent un département consacré à la justice et un autre à l'éducation. Le ministère de l'Éducation veille à ce que les citoyens reçoivent une instruction adéquate, tandis que celui de la Justice statue sur leur sort. D'un point de vue extérieur, ces deux institutions peuvent sembler contradictoires, car elles agissent apparemment dans des directions opposées. On pourrait penser que l'éducation est libérale puisqu'elle favorise l'instruction, alors que la justice est sévère parce qu'elle punit et condamne.

Il semble donc que l'une exerce une action favorable, tandis que l'autre ne le serait pas. Pourtant, du point de vue de l'État, les deux sont indispensables et possèdent une importance équivalente. Le gouvernement préférerait sans doute se consacrer uniquement à l'éducation des citoyens, mais il se voit contraint de consacrer parfois davantage de moyens à juger les criminels et à construire des prisons.

Tous les êtres disposent d'une certaine indépendance, à l'image de la Personne Suprême qui, Elle, jouit d'une indépendance illimitée. Étant des parties infimes de Sa personne, nous possédons nous aussi un degré limité d'indépendance. En lisant ce livre, vous enrichissez votre compréhension, mais beaucoup de personnes ne le feront jamais. Rien n'y oblige : c'est le choix de chacun.

Le matériel et le spirituel vont nécessairement de pair, de la même manière que coexistent justice et éducation. Chacun est appelé à utiliser son infime indépendance pour s'élever au-delà des apparences, car, en définitive, rien n'est réellement matériel : tout est spirituel. La matière est appelée *māyā*, l'illusion, parce que ceux qui sont privés de vision ne peuvent percevoir, à travers elle, l'action impartiale de l'énergie supérieure. Ils préfèrent alors s'accommoder de la dualité plutôt que de chercher à s'en libérer.

o *« Plongé dans l'oubli de Kṛṣṇa, l'être vivant s'est laissé séduire par Son énergie externe depuis des temps immémoriaux. Voilà pourquoi māyā, l'énergie illusoire, lui fait subir toutes sortes de souffrances en ce monde. »*
Caitanya-caritāmṛta, Madhya-līlā 20. 117

☼ *92 Protéger les citoyens*

Il y a cinq mille ans, alors qu'il parcourait son royaume, l'empereur *Parīkṣit* aperçut un personnage sombre en train de frapper une vache et un bœuf - un fait inédit à cette époque. Sans hésiter, il se précipita pour le châtier. À l'image de la Personne Suprême, un dirigeant doit être impartial et protéger tous les citoyens sans exception. Par « citoyens » (1), on entend l'ensemble des êtres vivants qui prennent naissance dans le pays : les animaux, les arbres, les plantes, etc., en font pleinement partie et possèdent eux aussi des droits, au même titre que les êtres humains.

Dans la culture védique, on accordait au roi digne de ce nom le même respect qu'à Dieu, car il en était le représentant. On le désignait par le terme *nara-deva*, « Dieu sous forme humaine ». À l'époque où la culture védique prévalait, lorsque deux rois entraient en conflit, ce n'était ni par intérêt égoïste ni pour satisfaire un désir de conquête. L'enjeu était de déterminer lequel serait le plus apte à garantir la sécurité des citoyens et à protéger leurs biens, afin qu'ils puissent accomplir paisiblement leur devoir.

Quel contraste avec notre époque, où les dirigeants se jalousent mutuellement et se montrent incapables de protéger la population et le pays. Ce qui prime désormais, c'est l'ambition personnelle et leur parti politique. Le bien-être des citoyens et leur prospérité passent au second plan, quand ils ne sont pas totalement oubliés !

o   (1) *prajā*

☼ *93 La barre d'acier et le feu*

Deux énergies sont perceptibles en ce monde : l'une matérielle et inférieure, l'autre supérieure, constituée par les êtres vivants (1). La science moderne se trompe en affirmant que la matière évoluerait pour produire la vie. La vie vient de la vie seule (2). Les êtres humains appartiennent à cette énergie supérieure, ce qui leur confère le pouvoir de dominer et d'utiliser l'énergie inférieure, par exemple pour façonner les objets qui nous entourent. Mais cet avantage devrait avant tout servir à comprendre la Vérité absolue, plutôt que de chercher indéfiniment à perfectionner une situation par nature temporaire (3).

Il n'est pas nécessaire de rejeter tout ce qui est matériel, comme le pensent certains philosophes impersonnalistes. Même le corps peut être spiritualisé par la pratique du *bhakti-yoga*. Le fer est un métal, mais si l'on plonge une barre d'acier dans le feu, elle devient si brûlante qu'elle peut, à son tour, enflammer tout ce qu'elle touche. De la même manière, bien qu'il soit composé d'énergie matérielle, le corps peut se transformer et se spiritualiser au contact de l'énergie supérieure (4).

Lorsque le corps est spiritualisé par la pratique du service de dévotion - qui commence par l'écoute et le chant (5) - le désir pour les plaisirs matériels se trouve progressivement purifié. Mais pour que la barre d'acier conserve les propriétés du feu, elle doit rester en contact avec lui… D'où l'importance de demeurer fermement établi dans la conscience spirituelle.

L'homme est capable de bâtir des gratte-ciels à partir de briques, de ciment, de fer et d'autres matériaux. Mais lorsque ces mêmes éléments sont mis en relation avec le Suprême pour édifier quelque chose à Sa gloire, ils cessent d'être matériels (6). Tout peut être spiritualisé au contact de l'énergie supérieure de la conscience. Et lorsque celle-ci se manifeste partout à travers nos actes, ce monde devient non différent de notre demeure éternelle - comme la barre d'acier plongée dans le feu en acquiert les propriétés.

o (1) Voir aussi ☼ *71 L'expert électricien* (2) et (3)
« *Outre cette énergie inférieure, il existe une énergie qui M'appartient également. Elle comprend les êtres vivants qui exploitent les ressources de la nature matérielle.* » *Bhagavad-gītā* 7. 5

o (2) « *Des mondes spirituel et matériel Je suis la source, de Moi tout émane.* » *Bhagavad-gītā* 10. 8

o (3) *athāto brahma-jijñāsā.* « *Maintenant (que nous avons obtenu cette forme humaine), il est temps de nous enquérir de la Vérité Absolue.* » *Vedānta-sūtra* 1. 1. 1

o (4) « *Le corps est le symbole de notre asservissement à la matière, par l'intermédiaire du karma. Même si nous ne voyons pas toujours le corps se transformer, le chant des Saints Noms du Seigneur opère sur le corps subtil une transformation immédiate et sous l'effet de cette transformation, l'être se trouve aussitôt affranchi des liens avec la matière. En fait, les transformations du corps grossier trouvent leur origine dans le corps subtil. Après la destruction du corps grossier, le corps subtil transporte l'être vers un autre corps. Le mental occupe une place prépondérante dans le corps subtil, de telle sorte que celui dont le mental s'absorbe sans trêve en Kṛṣṇa doit être considéré comme s'étant purifié et ayant déjà changé de corps.* » *Sanātana Gosvāmī*

o (5) L'écoute (*śravaṇa*) et le chant (*kīrtana*) des Noms, des gloires et des enseignements du Seigneur.

o (6) *yukta-vairāgya*, le véritable renoncement consiste à voir et à utiliser toute chose au service du Seigneur. *Bhakti-rasāmṛta-sindhu* 1. 2. 255

☼ *94 Les jambes des arbres*

L'arbre se dresse sur ce qui ressemble à des jambes. À la différence des nôtres, les siennes ne lui permettent pas de se déplacer. On l'appelle aussi *padoka*, car il boit l'eau avec ses « pieds » … Les hommes admirent souvent les arbres sans réaliser que l'être vivant prisonnier de cette forme est condamné à demeurer immobile pendant des centaines, voire des milliers d'années.

Si nous n'utilisons pas nos jambes pour visiter le temple du Seigneur, si nous ne cherchons pas la compagnie de ceux qui enseignent la connaissance transcendantale menant à Lui, nos jambes ne valent guère mieux que les troncs immobiles de ces arbres.

o   *« Mahārāja Ambarīṣa employait ses jambes à marcher vers les lieux saints et les temples du Seigneur, sa tête à s'incliner devant Kṛṣṇa et tous ses désirs à Le servir vingt-quatre heures sur vingt-quatre. En vérité, il ne désirait jamais rien pour la satisfaction de ses propres sens, car il les employait tous dans le service de dévotion, à travers différentes activités consacrées au service du Seigneur. Voilà comment accroître son attachement pour la Personne Suprême et se libérer complètement de tout désir matériel. »*
Śrīmad-Bhāgavatam 9. 4. 20

☼ *95 Acheter de l'or*

L'or est le métal le plus précieux. Au-delà de sa beauté, de ses qualités incomparables et de la fascination qu'il exerce sur l'homme, il possède une grande valeur parce qu'il représente, fondamentalement, l'opulence divine (1).
Pour acheter de l'or, deux possibilités s'offrent à nous. Soit nous nous adressons à un spécialiste, soit nous nous en remettons à un inconnu. Dans les deux cas, il s'agit du même métal ; seule son origine diffère. Chez un spécialiste, l'acheteur fait confiance à un professionnel reconnu pour sa compétence. En l'achetant à un inconnu, il lui faut encore s'assurer qu'il s'agit bien d'or.

Dans le premier cas, l'achat se fait en toute confiance. Dans le second, même si l'on croit réaliser une bonne affaire, il sera nécessaire de faire expertiser le métal. En réalité, celui qui s'adresse à un vendeur reconnu fait preuve de la plus grande intelligence. À l'inverse, celui qui se fie à une source sans garanties s'expose au risque d'être trompé…

De la même manière, la spiritualité est la science la plus précieuse, car, comme l'or, elle est rare. Nous avons le choix de la recevoir telle qu'elle est, dans toute sa pureté, ou de nous tourner vers quelque chose qui en a l'apparence, mais n'en offre aucune garantie. Il ne s'agit pas d'accepter aveuglément, mais de s'adresser à une source fiable. Et pour bénéficier de ce trésor spirituel, il faut faire de la place dans notre cœur, en acceptant d'en payer le prix : celui d'un désir intense et sincère (2).

o   (1) « *Comprends que tout ce qui est opulent, beau et glorieux, jaillit d'une simple étincelle de Ma splendeur.* » *Bhagavad-gītā* 10. 41

o   (2) « *Le pur service dévotionnel offert à kṛṣṇa (kṛṣṇa-bhakti-rasa-bhāvitā matiḥ) ne peut pas même s'obtenir après des milliers de vies vouées à la piété. S'il est disponible quelque part, on doit l'acheter sans attendre. Le seul prix à payer est le désir intense (laulyam).* »
Śrīla Rūpa Gosvāmi, Padyāvalī 14 / *Caitanya-caritamṛta, Madhya-līlā* 8. 70

☼ *96 Arroser la racine — nourrir l'estomac*

Pour arroser un arbre, il est inutile d'arroser séparément chaque branche, chaque feuille ou chaque fleur. Il suffit de verser l'eau à sa racine. De même, pour conserver un corps sain et en bonne santé, on ne cherche pas à nourrir les yeux, les oreilles ou le nez : on alimente simplement l'estomac, et l'énergie se répartit naturellement dans toutes les parties du corps.

Cette méthode simple et efficace peut servir une grande cause. Si nous cherchons à satisfaire la source de tout ce qui existe, tous les êtres seront également satisfaits, à commencer par nous-mêmes. Le Suprême étant complet en Lui-même, Il n'a besoin de rien. Pourtant, si vous Lui offrez avec amour ne serait-ce qu'une feuille, une fleur, un fruit ou un peu d'eau (1) - des éléments disponibles partout - vous en retirerez le plus grand bienfait.

Qu'attend un père de famille lorsqu'il rentre chez lui après sa journée de travail ? Voir sa femme et ses enfants heureux, et pouvoir échanger avec eux de doux sentiments. La Vérité Absolue est elle aussi une personne, et nous sommes la famille avec laquelle Elle désire partager Son amour (2). Dans notre ingratitude, nous avons déclaré : « Dieu n'existe pas… Je suis Dieu… Tout existe pour mon plaisir… » Cette attitude rebelle nous rend incapables de recevoir Son amour.

Voilà pourquoi Il Se manifeste directement ou indirectement en ce monde, afin d'attirer notre attention. Tout comme on arrose un arbre à sa racine pour qu'il produise feuilles, fleurs et fruits en abondance, lorsque nous prenons soin de la racine de notre existence, nous avançons d'un pas sûr, et notre amour peut alors s'épanouir en direction de tous les êtres.

o   *« Tout comme on nourrit le tronc, les branches, les rameaux et toutes les autres parties d'un arbre en arrosant sa racine et tout comme en donnant de la nourriture à l'estomac, on apporte force et énergie aux différents organes et parties du corps, le fait d'adresser son amour à la Personne Suprême, comble automatiquement les devas, qui font partie intégrante de Lui. »* Śrīmad-Bhāgavatam 4. 31. 14

o (1) *« Que l'on M'offre avec amour et dévotion une feuille, une fleur, un fruit ou un peu d'eau et cette offrande, Je l'accepterai. »* Bhagavad-gītā 9. 26

o (2) *ānanda-maya'bhyāsāt. « Celui qui, par nature, déborde de félicité. »* Vedānta-sūtra 1. 1. 12

Dieu est *ānandamaya*, plein de félicité. Etant des parties infimes de Lui, les êtres vivants recherchent naturellement *ānanda*, le bonheur ultime. Les réalisations du *Brahman* impersonnel et du *Paramātmā* permettent d'accéder à une forme de paix et de félicité, mais celle-ci demeure partielle et non relationnelle. L'*ānanda* complet et durable s'épanouit pleinement dans la réalisation de Dieu en tant que Personne Suprême, à travers la relation et l'échange d'amour.

☼ *97 La vie est action*

Lorsqu'un enfant est turbulent, il arrive que les parents lui ordonnent de s'asseoir sans bouger. Tant qu'il reste tranquille, il ne fait pas de bêtises. Mais cette inaction forcée ne peut durer : tôt ou tard, il voudra agir. Par nature, il a besoin d'être actif. Il est donc préférable de l'engager dans une activité où il se sentira utile, en lui demandant, par exemple : « Peux-tu m'aider à faire ceci ? Peux-tu aller chercher cela ? » On ne peut le contraindre à rester immobile sous prétexte qu'il ne fait rien de bon. Il existe donc une manière d'agir positivement.

La vie ne peut exister dans la négation de toute activité. Ce sont les actes positifs qui constituent la vraie vie. La vie spirituelle ne consiste pas à dire « ceci est interdit », mais à orienter ses actions vers ce qui est favorable à notre progrès. Néanmoins, il faut apprendre à discriminer entre ce qui est bénéfique et ce qui ne l'est pas, et donc faire des distinctions.

Dans la *Bhagavad-gītā*, *Arjuna* refuse d'agir au départ, mais *Kṛṣṇa* l'encourage à accomplir son devoir en pleine conscience de Lui. Tout Son enseignement est une invitation à l'action, à devenir l'instrument de Sa volonté.

Il n'est donc pas souhaitable de cesser d'agir, mais plutôt d'agir favorablement, car l'âme est par nature active. À notre époque, la méditation silencieuse n'apporte qu'un soulagement temporaire, comme la position immobile impose quelques instants de calme à l'enfant turbulent sans résoudre la situation. La nature de serviteur de l'âme trouve sa véritable satisfaction dans les activités transcendantales, qui commencent par l'écoute et le chant : c'est l'action spirituelle positive.

o *« L'homme doit agir par sens du devoir, détaché du fruit de l'acte, car par l'acte libre d'attachement on atteint le Suprême. » Bhagavad-gītā 3. 19*

o *« Prahlāda Mahārāja dit : Ecouter et chanter ce qui se rapporte aux Saints Noms, à la Forme, aux Attributs et aux Divertissements transcendantaux de Viṣṇu, se les rappeler, servir les pieds pareils-au-lotus du Seigneur, Lui rendre un culte au moyen de seize accessoires, Lui offrir des prières, devenir*

Son serviteur, Le considérer comme son meilleur ami et Lui abandonner tout (en d'autres termes Le servir en pensées, en paroles et en actes) – ces neufs pratiques relèvent du pur service de dévotion. Celui qui a voué sa vie au service de la Personne Suprême par le biais de ces activités doit être considéré comme le plus instruit, car il a atteint le savoir complet. »
Śrīmad Bhāgavatam 7. 5. 23-24

☼ *98 La chute*

Si l'être vivant se trouvait à l'origine auprès de Dieu, comment aurait-il pu choir de sa position pour venir dans le monde matériel ?

La nuit, lorsque des nuages passent entre nous et la lune, il semble que la lune bouge, alors qu'il n'en est rien. Sa position dans le ciel ne dépend pas des nuages. De même, malgré les apparences, l'être vivant n'a pas réellement « chuté ». Il est depuis toujours une particule spirituelle du Suprême, mais, victime de l'énergie d'illusion, il pense : « Je suis ce corps et j'appartiens à ce monde… »

Le corps est étranger à l'âme. Il change à chaque instant et meurt, alors que nous croyons être la même personne. L'identification au corps naît de l'illusion, qui « recouvre » notre conscience dès que nous désirons nous séparer de Dieu. Cette identification illusoire a donc pour origine l'oubli de notre relation avec le Suprême (1).

Parce que nous désirons prendre la place du Bénéficiaire Suprême, Il satisfait notre aspiration à l'indépendance en nous accordant un certain pouvoir de contrôle. Sous l'influence de *māyā*, nous pensons : « Je suis français, je suis professeur, je suis ouvrier, je dois accomplir ceci ou faire cela… » Notre vie ressemble alors à un rêve dans lequel notre esprit crée des situations imaginaires. Dans un rêve, il nous arrive parfois d'être face à une menace et de crier à l'aide. Une personne éveillée, à nos côtés, sait qu'aucun danger réel n'existe.…

Nous croyons avoir chuté, mais c'est nous qui avons créé cette situation. À l'instant de la mort, nos identifications temporaires s'évanouissent, tout comme disparaissent, à la fin d'un rêve, les situations mentales qui nous ont emportés. Nous pouvons choisir de nous libérer, et c'est pourquoi la réalisation spirituelle est comparée à un éveil.

Cet éveil révèle notre identité profonde, notre position constitutionnelle, qui culmine dans la relation d'amour qui nous unit éternellement au Suprême.

o   (1) « *Plongé dans l'oubli de Kṛṣṇa, l'être vivant s'est laissé séduire par Son énergie externe depuis des temps immémoriaux. Voilà pourquoi māyā, l'énergie illusoire, lui fait subir toutes sortes de souffrances en ce monde.* » Caitanya-caritāmṛta, Madhya-līlā 20. 117

o   « *A moins que n'agisse l'influence de l'énergie de Dieu, la Personne Suprême, il est inexplicable que l'âme animée d'une conscience pure soit liée au corps matériel, tout comme n'a aucun sens la vision d'un homme qui, en rêve, voit agir son propre corps.* » Śrīmad-Bhāgavatam 2. 9. 1

☼ *99 Vies passées*

Lorsque nous dormons, nous empruntons dans nos rêves de nombreuses formes subtiles. Si nous rêvons que nous volons dans le ciel, nous oublions le corps qui est sur le lit ; nous n'avons plus conscience de notre identité, de notre nationalité… Mais qu'en est-il de nos vies passées ? Pourquoi n'en gardons-nous aucun souvenir, et pourquoi oublions-nous les corps dans lesquels nous avons vécu ?

Sans parler d'autres vies, qui se souvient de ce qu'il faisait hier, il y a quelques jours ou quelques mois à la même heure ? Notre mémoire est imparfaite et sélective. Nous nous rappelons certaines expériences, mais certainement pas toutes, et encore moins celles vécues dans notre corps d'enfant. Ce corps, qui change constamment, est comparé à un vêtement : lorsqu'il devient trop usé, comme à l'heure de la mort, on le quitte pour en revêtir un neuf, oubliant naturellement l'ancien (1).

Dans son dialogue avec *Kṛṣṇa* sur le champ de bataille de *Kurukṣetra*, *Arjuna* demande : « Comment est-il possible que Tu aies donné cet enseignement il y a des milliers d'années au *deva* du soleil (2) ? » *Kṛṣṇa* lui répond, rappelant qu'*Arjuna* était présent à Ses côtés : « C'est exact, mais toi, mon ami, tu as oublié, alors que Moi, Je M'en souviens (3). »

Comme Arjuna, qui pour notre instruction a volontairement été plongé dans l'oubli, nous avons oublié nos vies passées parce que notre apparence physique a changé. Dès que la vie quitte le corps, les souvenirs qui l'accompagnent sont occultés.

Certains objectent : « Si nous ne nous souvenons pas de nos vies passées, pourquoi devrions-nous subir les conséquences d'actes antérieurs ? Un criminel est jugé sur la base de preuves corroborées par des témoins. Si le karma est une justice, où sont les preuves et les témoins de ces fautes supposées avoir été commises avant cette vie ? »

C'est là qu'intervient le *Paramātmā*, l'Âme Suprême qui accompagne chacun. Lorsque nous étions enfants, nous avions un corps totalement différent. Ce corps a changé, alors que nous sommes restés la même personne. Nous ne nous souvenons pas de cette période, mais notre père, notre mère ou la personne qui nous a élevés s'en rappelle parfaitement. De la même manière, le *Paramātmā* est témoin de tous nos actes et en conserve le souvenir (4). C'est par Son intermédiaire que la nature matérielle gère les réactions de nos actes intéressés (*karma*).

Quant à l'Être Suprême, bien qu'Il se manifeste en d'innombrables formes divines, Il n'est pas sujet à l'oubli comme nous. Il ne revêt pas de forme matérielle, mais possède une forme spirituelle qui n'est pas liée au *saṁsāra*, le cycle des morts et renaissances. Notre corps n'est pas notre véritable identité : nous possédons aussi une forme spirituelle éternelle, mais elle demeure inconcevable pour ceux qui ne sont pas libérés des désignations temporaires.

Pour régénérer nos forces physiques, nous avons besoin de dormir. Pendant cette expérience, qui est une version miniature de la mort, le corps subtil reste attaché au corps allongé sur le lit. Dans cet état transitoire, nos dernières pensées peuvent influencer nos rêves. Ce principe nous permet de comprendre qu'au moment de la mort existe une continuité d'une vie à l'autre, par l'intermédiaire du corps subtil (5).

o   (1) Voir ☼ *3 Les six phases de la vie*, ☼ *5 Les trois destinations du corps* et ☼ *6 Le pouvoir subtil de l'air*

o   (2) *Vivasvān*, le *deva* du soleil.

o   (3) « *Bien que nous ayons tous deux traversé d'innombrables existences, Je me souviens de toutes, quand toi, tu les as oubliées.* » Bhagavad-gītā 4. 5

o   (4) « *Je Me tiens dans le cœur de chaque être et de Moi viennent le souvenir, le savoir et l'oubli.* » Bhagavad-gītā 15. 15

o   (5) « *L'état de conscience dont on conserve le souvenir à l'instant de quitter le corps détermine la condition d'existence future.* » Bhagavad-gītā 8. 6

☼ *100 Arrêter le ventilateur*

En suivant les principes de la bhakti, nous n'avons pas besoin de fournir séparément d'effort pour devenir « meilleurs ». Le service de dévotion a la capacité de doter quiconque le pratique sincèrement de toutes les qualités nécessaires à son progrès (1). Cependant, l'aspirant à la vie spirituelle peut encore subir l'influence de ses habitudes passées.

Lorsqu'il a mis fin à ces habitudes, il peut arriver qu'il cède à une faiblesse passagère ou commette un acte jugé immoral par la société. Dans ce cas, il ne faut pas lui en tenir rigueur. Lorsque cette chute n'est pas volontaire et qu'il reste engagé sur la voie, il atteindra assurément la plus haute perfection.

On peut comparer cette faute accidentelle à l'énergie résiduelle d'un appareil électrique. Lorsqu'on débranche un ventilateur, il continue de brasser l'air quelques instants, comme s'il fonctionnait encore, alors qu'en réalité il a déjà commencé à s'arrêter… 

Comprenons bien que celui qui a pris refuge en l'énergie spirituelle transcende les modes d'influence de la nature matérielle (2). Sans cesser d'agir, il ne fait plus partie de ce monde, car ses actes, au lieu de l'enchaîner, le libèrent.

Gardons-nous de critiquer ceux qui sont engagés sur la voie de l'éternelle bonne fortune. Voyons-les comme des êtres saints, car ils se libèrent peu à peu de toute souillure (3).

(1) « *Tous les devas avec leurs éminentes vertus, comme la religion, le savoir et le renoncement, se manifestent chez la personne qui a développé une dévotion pure et sans mélange pour la Personne Suprême. Au contraire, l'être dénué de dévotion et accaparé par des actes matériels ne possède aucune véritable qualité. Même s'il est versé dans la pratique de l'aṣṭāṅga-yoga ou s'il se montre très capable d'entretenir honnêtement sa famille et ses proches, il ne peut qu'être entraîné par ses propres élucubrations*

mentales et se vouer au service de l'énergie externe du Seigneur. Comment de louables qualités pourraient-elles habiter un tel homme ? » *Śrīmad-Bhāgavatam* 5. 18. 12

o   (2) *« Celui qui tout entier s'absorbe dans le service de dévotion, sans jamais faillir, transcende aussitôt les modes d'influence de la nature matérielle et atteint le niveau du Brahman. »* Bhagavad-gītā 14. 26

o   (3) *« Commettrait-il les actes les plus détestables, quiconque est engagé dans le service de dévotion doit être considéré comme un saint homme, car sa détermination à servir le Seigneur est juste. »* Bhagavad-gītā 9. 30
« Il se peut qu'après avoir abandonné ses occupations matérielles, une personne encore à un stade immature s'écarte du service de dévotion offert au Seigneur. Il ne faut pas y voir un échec, à la différence de l'abhakta, qui ne gagne rien à exécuter parfaitement son devoir. »
Śrīmad-Bhāgavatam 1. 5. 17
(*abhakta* : celui qui ignore les principes de la *bhakti*, par opposition au *bhakta* ou *bhakti-yogi*)

☼ *101 Derrière la machine*

Lorsque nous appuyons sur le bouton « marche » d'un appareil électrique, il se met à fonctionner. Au même instant, à l'intérieur, se déroule un mécanisme très complexe que nous ignorons complètement, sauf si nous sommes ingénieurs. Dès qu'il cesse de remplir sa fonction, nous le confions à un spécialiste pour qu'il le répare.

Derrière la manifestation cosmique se trouve une intelligence. C'est elle qui « appuie sur le bouton de démarrage ». Cette manipulation est si subtile et instantanée que nous disons simplement : « C'est naturel… »

Cette énergie possède un pouvoir inconcevable : placée dans une petite graine, elle peut se manifester sous la forme d'un arbre gigantesque. Si la graine ne contenait pas déjà en puissance cet arbre - tronc, branches, feuilles et fruits - comment pourrait-elle l'engendrer ?

La nature matérielle est comme une machine complexe dont le bouton de démarrage est manœuvré par le Seigneur Suprême. Une fois mise en mouvement, son fonctionnement est si parfait qu'il échappe à notre compréhension. La science nous dit que la Terre tourne sur elle-même à une vitesse moyenne de 1 670 km/h et qu'elle tourne également autour du Soleil à une vitesse encore plus grande. Pourtant, nous ne ressentons rien…

Notre ignorance nous empêche de comprendre pleinement comment et pourquoi la nature fonctionne. Ainsi, face au cycle d'une fleur - qui vient d'une graine, qui vient d'un fruit, qui vient d'un arbre, qui vient d'une graine… - nous disons souvent : « C'est comme ça, c'est la nature… »

Une plante grimpante cherche la lumière. Comment fait-elle, alors qu'elle n'a pas d'yeux ? L'énergie qui guide son développement est d'une perfection telle qu'elle échappe à toute explication rationnelle…

- ○ « *Le Seigneur Suprême possède de multiples puissances qui agissent de façon si parfaite qu'Il dirige par le pouvoir de Sa seule volonté tout ce qui est conscience, force et action.* » Śvetāśvatara Upaniṣad 6. 8
- ○ « *La nature matérielle, qui est l'une de Mes énergies, agit sous Ma direction, engendrant tous les êtres, mobiles et immobiles. Régi par ses lois, le cosmos est créé puis anéanti dans un cycle sans fin.* » Bhagavad-gītā 9. 10
- ○ « *Je suis la semence initiale de tous les êtres.* » Bhagavad-gītā 7. 10

☼ *102 La formule de la paix*

L'enfant sur les genoux de sa mère dépend entièrement d'elle. Il a confiance en elle ; il sait qu'elle le protège, prend soin de lui et le nourrit. Ce sentiment de protection parentale existe aussi chez d'autres espèces. Lorsqu'il grandit, l'homme cesse de dépendre de ses parents, mais il reste néanmoins soumis aux lois de la vie.

Nous élisons des dirigeants pour gouverner les pays, mais tous les univers sont aussi dirigés par Dieu (1). L'État passe pour un bienfaiteur en essayant de satisfaire les besoins de ses citoyens, mais qui s'occupe des milliards d'êtres vivants non humains qui peuplent le ciel, l'eau, la terre, les montagnes ou les forêts ? Si l'Être Suprême pourvoit à leurs besoins, pourquoi ne satisferait-Il pas les nôtres ?

Au niveau matériel, lorsqu'on est au service de quelqu'un, il nous paie et on reçoit en retour des avantages. Alors, comment une personne qui entretient un lien d'amour désintéressé avec le Bienfaiteur de tous les êtres pourrait-elle manquer de quoi que ce soit (2) ?

De la même façon que l'enfant sur les genoux de sa mère a une confiance totale en sa protection, nous devrions dépendre entièrement de Lui et consacrer toute l'énergie de notre corps, de nos paroles et de nos pensées à Le servir avec amour. Toute austérité ou tout sacrifice (3) doivent être accomplis uniquement pour Lui. Il est notre véritable ami, et celui de tous les êtres (4).

La reconnaissance de cette dépendance exclusive est la formule universelle pour vivre dans la paix, individuelle et collective.

o   (1) *« D'entre tous les êtres éternels, il est un Être éternel primordial, suprême et unique soutien de toute vie. » Kaṭha Upaniṣad* 2. 2. 13

o   (2) *« Quant à ceux qui M'adorent avec une dévotion sans partage, en méditant sur Ma forme absolue, Je comble leurs manques et Je préserve leurs biens. » Bhagavad-gītā* 9. 22

o   (3) un jeûne, une pénitence ou un vœu.

o   (4) *« Parce qu'il sait que Je suis le bénéficiaire ultime de tous les sacrifices et de toutes les austérités, le Souverain Suprême de toutes les planètes et de tous les devas, l'ami et bienfaiteur de tous les êtres, celui qui est pleinement conscient de Ma personne échappe aux souffrances matérielles et connaît dès lors la paix. » Bhagavad-gītā 5. 29*

☼ *Une lune pour des millions d'étoiles*

conscient de Ma personne échappe aux souffrances matérielles et connaît dès lors la paix. » Bhagavad-gītā 5. 29

☼ *103 S'incliner*

Dans son arrogance, l'homme se croit indépendant. Il pense n'avoir besoin de se soumettre à personne, mais cette attitude rebelle est en réalité la source de tous ses problèmes. Dans l'ivresse de la jeunesse, de la santé ou de la richesse, il oublie l'essentiel : il ne pourra échapper à la mort, ni éviter de vieillir, ni se préserver de la maladie ou de la souffrance physique et mentale.

Puisque l'homme est soumis aux lois de la vie, pourquoi ne se soumettrait-il pas, de son plein gré, au service d'une puissance d'amour supérieure, qui lui permette de les transcender ? Avez-vous remarqué comme un petit enfant est heureux auprès de parents aimants ? Grâce au lien d'amour qui les unit, il s'en remet totalement à leur bon vouloir et accomplit, en toute insouciance et avec une confiance absolue, ce qu'ils lui demandent. Cette subordination volontaire n'est pas une contrainte : c'est la source même de son bonheur.

De la même manière, si l'homme veut être heureux, il doit s'en remettre au Suprême et à Son représentant, le maître spirituel. Sans cela, aucun progrès réel n'est possible. S'il choisit de continuer à agir de façon indépendante, il devra en subir les conséquences et prolonger sa souffrance.

Finalement, lui qui se prenait pour le Seigneur et maître finira, inéluctablement, par s'incliner - cette fois de tout son long - devant la mort, qui n'épargne personne (1).

o　(1) « *Je suis la mort qui tout dévore.* » *Bhagavad-gītā* 10. 34

☼ *104 La méditation du poisson, de l'oiseau et de la tortue*

Par leur comportement, les animaux nous enseignent différentes manières de veiller sur ce qui nous est cher. Le poisson prend soin de ses petits simplement en les surveillant, et l'oiseau se sert de son bec et de ses ailes pour élever ses oisillons. Quant à la tortue, elle pond ses œufs dans le sable mais ne verra jamais sa progéniture grandir. Depuis les profondeurs de l'océan où elle retourne, elle méditera sur elle.

Par ses pensées, ses paroles et ses actes, le sage accompli, où qu'il se trouve, n'est jamais séparé de l'objet de sa méditation. Absorbé dans le *samādhi*, la conscience divine, sa simple présence transforme en lieu sanctifié (1) tout endroit où il vit.

Si l'on trouve dans le monde des lieux saints où les hommes peuvent venir se purifier dans une atmosphère saturée de spiritualité, c'est uniquement grâce à la présence de ces nobles âmes. En effet, c'est la compagnie de ces *mahātmās* (2) qui permet de franchir le vaste océan de l'existence matérielle.

o   (1) *tīrtha*

o   (2) *mahātmā* : littéralement « grande âme ». Désigne une personne complètement abandonnée à *Kṛṣṇa*, pratiquant le service de dévotion pur. Voir *Bhagavad-gītā* 9. 13.

o   *« Le poisson en les regardant, la tortue en méditant sur eux et l'oiseau en les touchant, c'est ainsi que ces trois animaux élèvent leurs petits. C'est également ce que je fais, ô Padmaja. » Padma Purāṇa*

o   *« Les bhaktas qui ont les qualités de ta grâce sont en eux-mêmes de saints pèlerinages. Du fait de leur pureté, ce sont des compagnons constants du Seigneur et ils peuvent, de ce fait, purifier même les lieux de pèlerinage. »* Paroles de *Mahārāja Yudhiṣṭhira* à Vidura. *Śrīmad-Bhāgavatam* 1. 13. 10

☼ *105 Cygnes et corbeaux*

Dans le monde animal, il existe des divisions naturelles. Les cygnes et les corbeaux sont tous deux des oiseaux, mais ils ne se mélangent pas. Les premiers aiment s'ébattre dans des eaux calmes et limpides, tandis que les seconds sont attirés par les déchets et la pourriture. Il en est de même chez les hommes. Certains cultivent des pensées élevées, accordent de l'importance à l'éducation, à une alimentation saine et non-violente, ou à vivre en bonne compagnie, tandis que d'autres se délectent de pensées noires et dégradantes, d'intoxicants, de nourritures cadavériques et de fréquentations malsaines.

Si un corbeau ne peut se transformer en cygne, un homme illettré ou mal éduqué peut apprendre à lire, à bien se comporter et devenir respectable. Il n'existe aucune situation irrémédiable que l'homme ne puisse transformer, s'il suit les instructions données pour son bien. Cette possibilité est limitée à l'être humain : l'animal, lui, n'a d'autre choix que de suivre son instinct, bien que nous puissions, dans une certaine mesure, l'aider à évoluer.

Une littérature ou des paroles qui n'élèvent pas l'esprit et qui n'ont aucun lien avec la connaissance transcendantale ressemblent à ces lieux où se rassemblent les corbeaux (1). Jamais vous n'y verrez de cygnes…

L'exemple du cygne nous invite à toujours rechercher la voie favorable à notre *dharma*, à notre nature profonde, et à réaliser que nous sommes une partie infime du tout Absolu (2).

o   (1) « *Les mots qui ne dépeignent pas les gloires du Seigneur, lesquelles suffisent à purifier l'atmosphère des trois mondes, pour les saints hommes ne valent guère plus que des pèlerinages aux corbeaux. Les êtres parfaitement accomplis, parce qu'ils habitent le monde spirituel, n'y trouvent aucun plaisir.* » *Śrīmad-Bhāgavatam* 1. 5. 10

o   (2) « *Etant donné qu'ils agissent toujours dans le cadre du service de dévotion, les bhaktas se sentent d'une fraîcheur sans cesse renouvelée dans*

toutes leurs activités. L'Omniscient, l'Âme Suprême dans le cœur du bhakta, donne en effet à toute chose une fraîcheur toujours nouvelle. Les tenants de la Vérité Absolue reconnaissent là le niveau du Brahman. Parvenu à cet état de libération (brahma-bhūta), l'être n'est plus jamais dérouté, pas plus qu'il ne s'afflige ou ne se réjouit sans raison valable. »
Śrīmad-Bhāgavatam 4. 30. 20

☼ *106 L'arbre et le brin d'herbe*

L'arbre est un exemple de tolérance. Un dicton ancien de l'Inde dit : « L'arbre abrite de son ombre l'homme qui l'abattra ». Jour et nuit, il se dresse sous la chaleur extrême ou le froid glacial, sous le vent et la pluie, sans jamais bouger. Les gens cueillent ses feuilles, ses fleurs, ses fruits, coupent ses branches ou son tronc ; jamais il ne proteste.

Le brin d'herbe, quant à lui, par sa petitesse et sa capacité à se courber sous les éléments ou les êtres qui le piétinent, nous enseigne l'humilité.

La personne qui s'identifie à son corps se mettra en colère si on la traite de porc et se sentira flattée si on l'appelle « Votre Majesté ». Mais lorsqu'elle est pleinement consciente de son identité spirituelle, elle sait qu'elle n'est ni l'un ni l'autre, mais simplement un serviteur de Dieu. C'est comme si je portais un manteau noir et que quelqu'un m'interpelle : « Et toi, le manteau noir ! » Ne plus s'identifier au corps demande de la pratique, et cette réalisation commence lorsque l'on s'efforce de devenir aussi tolérant que l'arbre et aussi humble que le brin d'herbe.

Dans un corps immense, comme celui d'un éléphant, ou dans un corps minuscule, comme celui d'une fourmi, la dimension du *jīvātmā* (1) reste la même. L'âme réalisée voit tous les êtres comme égaux, car elle ne les juge pas d'après leur apparence physique (2). Si quelqu'un me dit avec mépris : « Tu n'es rien ! », il n'a pas tort, puisque je suis effectivement une âme infinitésimale… Il faut donc apprendre à tolérer l'insulte adressée au corps.

Être aussi tolérant que l'arbre et aussi humble que le brin d'herbe, prêt à offrir à autrui son respect sans rien attendre en retour, constitue les quatre ornements du cœur qui vibre de l'amour divin (3). Les honneurs de ce monde ne l'intéressent pas ; il trouve son bonheur dans son identité d'humble serviteur.

o   (1) *jīvātmā*, l'âme spirituelle

o (2) « *L'humble sage qu'éclaire le vrai savoir voit d'un œil égal le brāhmaṇa érudit et bienveillant, la vache, le chien et le mangeur de chien.* »
Bhagavad-gītā 5. 18

o (3) « *Celui qui s'estime plus insignifiant qu'un brin d'herbe, qui se montre plus tolérant qu'un arbre, qui ne prétend à aucun honneur et demeure toujours disposé à offrir ses respects à autrui, celui-là peut très aisément chanter toujours le saint nom du Seigneur.* »
Śrī Caitanya, Śikṣaṭaka 3 / *Caitanya-caritāmṛta, Adi-līlā* 17. 31

☼ *107 Satisfaire son appétit*

Lorsque vous avez faim et que vous êtes attablé devant un bon repas, vous prenez plaisir à manger. Vous sentez combien la nourriture vous redonne des forces. Progressivement, votre appétit est satisfait. Vous n'avez besoin d'autre preuve que ce sentiment de satiété. Vous vivez cette expérience à chaque bouchée avalée, du début jusqu'à la fin du repas…

La félicité spirituelle peut être comparée au plaisir de manger, à ceci près qu'elle croît à l'infini (1). Vous pouvez constater par vous-même le progrès accompli : votre satisfaction intérieure augmente continuellement, tandis que votre attrait pour les plaisirs matériels s'estompe progressivement, tout comme la faim disparaît après un excellent repas.

Si vous ne suivez pas le bon procédé, vous succomberez encore à l'influence de l'énergie d'illusion et ne pourrez goûter à la suprême satisfaction du service d'amour envers la Transcendance.

o   *« De même que le plaisir de manger, de retrouver des forces et de se libérer de la faim augmentent à chaque bouchée avalée, celui qui prend refuge en le Seigneur Suprême, ressent en lui grandir simultanément trois choses : sa dévotion (bhakti), sa relation directe avec Lui et le détachement pour tout ce qui n'a rien à voir avec. » Śrīmad-Bhāgavatam* 11. 2. 42

o   (1) *ānandāmbudhi-vardhanaṁ, « l'océan croissant de la félicité spirituelle. » Śrī Caitanya, Śikṣaṣṭaka* 1

☼ *108 Une lune pour des millions d'étoiles*

Le soleil nous réchauffe et illumine le ciel, marquant le début du jour. La nuit, une myriade d'étoiles offre un spectacle de toute beauté, encore plus fascinant lorsque la lune est présente. Contempler l'astre de la nuit au milieu des étoiles est une expérience unique, apaisante. À la fois proche et lointaine, familière et mystérieuse, son attrait est universel. Une seule lune pour des millions d'étoiles…

En l'absence du soleil, elle a le pouvoir d'éclairer les ténèbres. Son influence se manifeste sur les végétaux, leur donnant saveur et vigueur : sans elle, légumes et plantes ne pourraient ni pousser ni devenir succulents (1). Comparée à l'éclat de la lune, la lumière des étoiles ressemble à celle des vers luisants qui scintillent la nuit dans les champs.

Les parents ne sont jamais fiers d'avoir des enfants mal élevés. Mais si un seul d'entre eux est véritablement intelligent et éduqué, cela suffit à leur bonheur (2). De même, comprendre cette philosophie et atteindre la perfection n'est pas chose facile à notre époque (3). Mais si, parmi des milliers de chercheurs sincères, une seule personne y parvient, c'est déjà un succès.

Que ceux qui ont compris l'importance de cet enseignement deviennent à leur tour des lunes, illuminant de leur conscience les ténèbres de ce monde. Ils trouveront le bonheur véritable et, soyez-en certains, contribueront au bonheur de tous les êtres vivants…

o (1) « *J'entre en chaque planète et grâce à Mon énergie, les maintiens dans leur orbite. Je deviens la lune et donne ainsi la saveur à tous les aliments végétaux.* » *Bhagavad-gītā* 15. 13

o (2) « *Un seul fils doté de bonnes qualités vaut mieux qu'une centaine qui en sont privés. Bien qu'unique, la lune est capable d'éclairer les ténèbres, contrairement aux millions d'étoiles.* » *Cāṇakya Paṇḍita, Nīti-śāstra* 4-6

o (3) « *Parmi des milliers d'hommes, un seul peut-être recherchera la perfection et parmi ceux qui l'atteignent, rare celui qui parvient à Me connaître en vérité.* » *Bhagavad-gītā* 7. 3

o   *« Des corps célestes lumineux, Je suis le soleil radieux et des étoiles, la lune. » Bhagavad-gītā* 10. 21

Postface

Sur cette dernière image, celle d'une lune entourée de millions d'étoiles, s'achève ce premier volume de 108 enseignements et analogies pour le *Kali-yuga*. J'espère que vous avez pris autant de plaisir à les lire que j'en ai eu à les présenter avec des mots certes imparfaits, mais venus du cœur. Mon but était d'offrir un aperçu de la science éternelle du *bhakti-yoga*, le service de dévotion, à travers des textes directement inspirés des enseignements de *Śrī Śrīmad A.C. Bhaktivedanta Swami Prabhupāda*, maître prestigieux dont l'œuvre et le mouvement continuent de rayonner aujourd'hui dans le monde entier.

Śrīla Prabhupāda est cette lune dans le ciel étoilé du *Kali-yuga*, venu apporter le message universel de la Conscience de *Kṛṣṇa*. Entre 1965 et 1977, il consacra les dernières années de sa vie à voyager dans de nombreux pays pour enseigner, initier et guider dans la vie spirituelle des milliers de personnes. Ce qu'il accomplit à un âge avancé demeure un événement extraordinaire et unique dans l'histoire du monde. Il nous a offert en cadeau de nombreux joyaux de la littérature spirituelle, tels que la *Bhagavad-gītā telle qu'elle est*, le *Śrīmad-Bhāgavatam* et le *Caitanya-cāritamṛta*, magistralement traduits et commentés selon la tradition *vaisnava* à laquelle il appartient.

Pour notre plus grand bonheur, une grande partie de ses enseignements, conférences, interviews et conversations ont été enregistrés (plus de 2400 heures) et précieusement conservés par ses disciples. Au même titre que ses livres ou lettres, ils témoignent de sa clarté d'esprit, de sa grande érudition et de sa profonde réalisation du savoir spirituel.

L'idée de ce livre m'est venue de l'écoute régulière de ces enregistrements, qui constituent une source d'inspiration quotidienne. Peu à peu a germé en moi l'envie de partager, sous une forme écrite, quelques passages qui me touchent particulièrement, notamment ceux où *Śrīla Prabhupāda* développe ou crée des analogies pour rendre accessibles des aspects philosophiques ou pratiques essentiels.

La connaissance de la Vérité Absolue n'est accessible qu'à l'âme pure, libre de tout conditionnement. C'est pourquoi cette méthode d'enseignement, propre à la tradition *vaisnava*, est si précieuse : elle nous permet de concevoir plus aisément une réalité spirituelle difficilement perceptible par les sens, le mental ou l'intelligence conditionnés.

Pour rédiger ces textes, j'ai principalement utilisé des sources audios, mais aussi quelques passages écrits pour en enrichir les idées. Ils ne prétendent pas constituer une synthèse et encore moins se substituer aux livres et enseignements originaux de *Śrīla Prabhupāda*. Lui-même encourageait les disciples initiés à écrire pour partager leur compréhension et leur expérience, aussi modestes soient-elles, afin de faire connaître au plus grand nombre la voie de la réalisation spirituelle. Ce recueil est donc pour moi un moyen de le servir et de lui rendre hommage, tout en offrant un accès au savoir pour un large public.

Écrire sur des sujets aussi profonds apporte beaucoup de joie, mais c'est aussi exigeant, car il faut pénétrer en soi pour se confronter au sens profond des mots. J'ai parfois douté de l'utilité de ce projet, mais je l'ai entrepris d'abord pour ma propre purification. Et puis je me suis dit qu'il vaut mieux écrire quelque chose d'imparfait que de ne rien faire du tout, ou d'attendre un jour improbable qui ne viendra jamais...

Cette connaissance devient encore plus savoureuse lorsqu'elle est partagée. C'est ainsi que j'ai pu parvenir à la dernière étape de ce parcours littéraire, au bout duquel se trouve vous, le lecteur, à qui je rends hommage et que je salue.

J'envisage de publier un second volume avec 108 autres enseignements et analogies. Vos questions et commentaires me seront précieux, et j'y répondrai avec plaisir à l'adresse indiquée à la page contact.

Je conclus avec ces paroles réconfortantes, tirées du *Śrīmad-Bhāgavatam 5. 18. 9* :

svasty astu viśvasya khalaḥ prasīdatāṁ

dhyāyantu bhūtāni śivaṁ mitho dhiyā

manaś ca bhadram bhajatād adhokṣaje

āveśyataṁ no matir apy ahaitukī

« Puisse l'univers entier connaître le bonheur et soient apaisés tous les envieux. Puissent tous les êtres vivants trouver la paix en pratiquant le bhakti-yoga, car en faisant ainsi, ils songeront à leur bien mutuel. Engageons-nous donc dans le service de la Transcendance Suprême et que nos pensées demeurent constamment absorbées en Sa Personne. »

Dīnabandhu dāsa

o   (1) International Society for Krishna Consciousness

Glossaire et index général

(Les chiffres **en gras** renvoient aux numéros des textes)

ācārya, maître spirituel authentique appartenant à une filiation spirituelle et qui enseigne par l'exemple

ahaṁ mameti, conception illusoire de l'âme incarnée, qui sous l'emprise de l'ego matériel réagit en fonction du « moi » et du « mien » **24**

āhāra-nidrā-bhaya-maithunam, les quatre principes fondamentaux de l'existence **2, 13, 29, 39, 72, 88**

ahaitukī, immotivé, une des caractéristiques du pur amour **82**

akankṣa, désirer **24, 68**

aparā-prakṛti, la nature matérielle **71, 75**

apratihatā, ininterrompu, une des caractéristiques du pur amour **82**

āśrama, 1) une des quatre étapes de la vie (étude, vie de famille, retraite et renoncement). 2) Ermitage où l'on vit généralement en groupe et par extension, tout lieu consacré à la réalisation spirituelle

asura, 1) Personne qui s'oppose à l'existence de Dieu. 2) Démon **22**

aliments de la vertu 57

aṇu-ātmā ou *jīvātmā*, l'âme infinitésimale **77**

asad-grahāt, identification avec le corps temporaire et tout ce qui est en relation avec lui **24**

āvaraṇātmikā-śakti, force d'illusion qui a pour rôle de recouvrir le véritable savoir de l'âme, lui permettant de se croire heureuse **38**

avatāra, « qui descend du monde spirituel ». Emanation plénière ou représentant de Dieu qui vient pour rétablir les principes de la spiritualité

Bhagavān, 1) Celui qui possède sans limite les six excellences **40** 2) la Vérité Absolue en Son aspect ultime **41, 55**

Bhagavad-gītā, « Le chant du Seigneur Bienheureux », dialogue qui s'est tenu il y a 5000 ans entre *Kṛṣṇa* et *Arjuna* sur la connaissance de la Vérité Absolue, le yoga, la condition originelle de l'être distinct, la nature du cosmos, le temps et l'action. Il constitue l'essence de tous les textes védiques et l'étude préliminaire au *Śrīmad-Bhāgavatam* **23, 67, 97**

bhakta, celui qui pratique la voie de la *bhakti* **104**

bhakti-yoga, service de dévotion, voie de l'amour pur pour Dieu **45, 58, 67, 78, 93**

bhoga, le plaisir des sens **78**

Brahmā, premier être créé dans l'univers, dont il est le régent **11, 88**

brahma-bhūta, le niveau de la réalisation spirituelle **24, 68**

brahman, radiance ou aspect impersonnel de la Vérité Absolue **41, 55** *brāhmaṇas*, 1) sages et érudits qui guident la société. Ils constituent l'un des quatre *varnas* **46** (qualités), **61, 66, 73** (différence par rapport au *vaiṣṇava*)

Caitanya Mahāprabhu, *Kṛṣṇa* lui-même, venu sur terre il y a plus de 500 ans, en tant qu'*avatāra* de la *bhakti*. Sous les traits d'un grand *bhakta*, Il enseigna aux hommes la voie de réalisation spirituelle propre à l'âge où nous vivons, à savoir le *Saṅkīrtana*, ou le chant des Noms Divins (voir *mahā-mantra*)

Caitanya-caritāmṛta, œuvre de *Kṛṣṇadāsa Kavirāja Gosvāmī*, décrivant la vie et les enseignements de *Śrī Caitanya Mahāprabhu*

cit-śakti, énergie spirituelle. Puissance qui sous-tend la conscience et la connaissance du Seigneur **23**

dekhā-śunā, l'expérience directe **56**

devas, habitants des planètes édéniques. Ils ont sensiblement la même apparence physique que l'homme. Dotés d'une grande beauté, leur durée de vie est immense par rapport à la nôtre et ils possèdent des pouvoirs surnaturels extraordinaires. A notre niveau de perception, ils gouvernent les divers phénomènes de la manifestation cosmique tels que la chaleur, la lumière, l'eau, l'air, etc. **57, 88**

dharma, 1) principes de la religion éternelle, le *sanātana dharma* 2) constitution ou caractéristique propre de l'être, ce qu'il est en son essence **47, 105**

évolution des espèces selon le *Padma Purāṇa* **35**

guṇas, les qualités matérielles. *sattva*, la vertu, *raja*, la passion et *tamo*, l'ignorance **52, 60, 61**

guru, maître spirituel **17, 48, 68, 77, 84**

hari-nāma-saṅkīrtana, le chant du *mahā-mantra Hare Kṛṣṇa*

Hastināpura, ancienne capitale du monde, du nom de son fondateur, le roi *Hasti*. Aujourd'hui Delhi, en Inde **37**

hṛdaya-granthi, le « nœud » dans le cœur **20, 38, 75**

janma-mṛtyu-jarā-vyādhi, les quatre maux de l'existence : naissance, mort, vieillesse et maladie **11, 24, 35, 38**

jīvātmā, ou *jīva*, l'âme individuelle **42, 75, 106**

jñāna-yoga, voie de la connaissance **58**

Kali-yuga, ou « âge de fer », le présent âge **82**

kāma, convoitise ou concupiscence, désir de satisfaire ses propres sens **49**

karma, 1) loi de la nature qui enchaîne l'homme aux conséquences de ses actes, bons ou mauvais **35, 76, 99**. 2) activité ou travail selon la nature de chacun **61**

karma-yoga, voie de l'action intéressée **78**

kleśas, les trois formes de souffrances que subissent tous les êtres vivants **11, 25**

kṣatriyas, administrateurs et guerriers qui protègent la société. Ils constituent l'un des quatre *varnas* **61**

lābha-pūjā-pratiṣṭhā, richesse, pouvoir et renommée **21, 37, 51**

mahā-mantra, ou le « grand *mantra* », méthode de réalisation spirituelle préconisée pour cet âge par *Śrī Caitanya* :
hare kṛṣṇa hare kṛṣṇa kṛṣṇa kṛṣṇa hare hare
hare rāma hare rāma rāma rāma hare hare

mahātmā, littéralement « grande âme ». Personne complètement abandonnée à *Kṛṣṇa*, Dieu (voir définition B.G. 9.13) **104**

Maheśvara, le Contrôleur Suprême, de *māhā*, grand et *īśvara*, contrôleur **78**

markata-vairāgya, le « renoncement du singe », détachement artificiel **44**

māyā, *māyā-śakti*, énergie d'illusion ou énergie matérielle **6, 23** (définition), **30, 37, 38, 65, 70, 83, 89, 91, 98**

māyāvāda, philosophie à laquelle adhèrent les *māyāvādīs*, ceux qui considèrent la Vérité Absolue comme dépourvue de forme, de personnalité ou d'intelligence et qui nient l'existence de Dieu en tant que Personne Suprême, ou qui croient que Sa forme et Ses actes sont soumis à l'influence de *māyā*, l'énergie matérielle d'illusion. Ils cherchent à annihiler leur identité en « se fondant » dans le *brahman* impersonnel. Cette forme de libération (*sayujya mukti*) est rejetée par le *bhakta* **70, 81**

mukti, libération de l'existence matérielle (il existe cinq sortes de *mukti*) **68**

mūrti, ou *arca-vigraha*, manifestation physique d'une forme particulière de Dieu à travers certains matériaux déterminés, telle qu'elle est présente dans les temples **81**

nara-deva, le roi **92**

nirviśeṣa, aspect impersonnel de la Vérité Absolue, sans variété ni forme **67, 70**

pañcopāsanā, adoration des cinq divinités primordiales : *Viṣṇu, Surya, Śiva, Durga* et *Gaṇeśa*. C'est une forme d'impersonnalisme déguisée, car *Viṣṇu* est adoré comme s'Il était un *deva*, alors qu'Il est la Personne Suprême **81**

Paramātmā, l'Âme Suprême, la manifestation « localisée », dans le cœur de chaque être **41, 42, 52, 55, 77, 81, 99**

parā-prakṛti, la nature spirituelle ou transcendantale **71, 75**

paramparā, succession de maîtres à disciples **47, 73, 88**

prajā, tout citoyen et par extension, tout être vivant habitant d'un pays **92**

prakṛti, 1) nature matérielle. 2) la matière, par opposition à *puruṣa* **75** *prakṣepātmikā-śakti*, force d'illusion qui plonge l'âme dans le forme d'existence qui lui est destinée en fonction de ses actes passés **38**

pramatta, fou, celui qui a perdu la raison sous l'effet de l'illusion **89**

prasāda, 1) « miséricorde, toute manifestation de la grâce du Seigneur ». 2) nourriture (végétarienne) sanctifiée par l'offrande, qui a le pouvoir de purifier celui qui la mange **81**

prema, niveau de l'amour pur **9, 49**

preya, satisfaction immédiate **13**

puruṣa, 1) le Bénéficiaire Suprême, Dieu **66, 75**. 2) l'homme **75**

Rādhā, Rādhārani, compagne éternelle de *Kṛṣṇa*, manifestation personnelle de Sa puissance interne de félicité **58, 85**

raja, la passion, l'un des trois modes (*guṇas*) de la nature matérielle **61**

rasas, relations, sentiments ou saveurs, à l'origine de nature spirituelle **26** (énumération des différents *rasas*), **35, 80, 85**

ṣaḍ-vikāra, les six changements ou transformations que subit le corps **3**

samādhi, état d'absorption parfaite dans la Conscience Divine **84, 104**

saṁsāra, le cycle des morts et des renaissances dans le monde matériel **17, 46, 51, 69, 79, 99**

saṅkīrtana, chant public et en groupe des Noms Divins **49, 79**

śāstras, écrits védiques qui font autorité **17**

sat-cit-ānanda, caractère propre de ce qui est spirituel et qui possède pleinement l'éternité, la connaissance et la félicité absolues **14, 30**

sattva, la vertu, l'un des trois modes (*guṇas*) de la nature matérielle **61**

sevā, le service transcendantal **78**

socana, se lamenter sur la perte **24, 68**

śravaṇa, kīrtana, l'écoute et le chant **45, 58, 84, 93, 97**

śreya, bénéfice ou satisfaction ultime, par opposition à *preya* **13**

Śrīmad-Bhāgavatam ou ***Bhāgavat Purāṇa***, considéré comme « le fruit mûr de l'arbre du savoir védique », ce dialogue fut mis en écrit par *Śrīla Vyāsadeva*, il y a 5000 ans. Il relate les divertissements éternels de *Kṛṣṇa* et de Ses purs dévots et constitue le commentaire originel du *Vedānta-sūtra*. **37**

śriyaiśvarya-prajepsavaḥ, beauté, richesse et descendance **46**

śūdras, ouvriers, artisans et artistes. Ils constituent l'un des quatre *varnas* **21, 61**

Śukadeva Gosvāmī, illustre fils et disciple de *Śrī Vyāsadeva*, qui compila les Ecritures védiques **37**

śūnyavādi, théorie du vide ou du néant **67, 70**

svarāt, pleinement indépendant **30**

tamo, l'ignorance, l'un des trois modes (*guṇas)* de la nature matérielle **61** *tapasya*, *tapaḥ*, pénitence, austérité ou ascèse. Tout effort conscient accompli pour atteindre un but **27**

taṭasthā-śakti, l'énergie marginale, constituée par les êtres vivants **23**

tīrtha, traditionnellement, lieu sanctifié où les pèlerins donnent en charité pour s'assurer un bénéfice dans l'au-delà. Le véritable *tīrtha* se trouve en la personne sainte, qui a qualité pour transmettre la connaissance transcendantale **104**

tulasī, servante de *Kṛṣṇa*, sous la forme d'une plante qui Lui est très chère

tyāga, renoncement **78**

upādhi, désignation temporaire liée au corps et par extension à la race, à la nationalité, à la religion, à l'activité dans la société, etc. **15, 99**

upananīti, l'initiation, la cérémonie « qui nous rapproche » du maître spirituel **46**

Vaikuṇṭha, 1) monde spirituel, demeure éternelle. 2) le niveau de réalisation où n'existe nulle crainte **24**

vaiṣṇava, dévot de *Viṣṇu*, Dieu **73, 75**

vaiśyas, agriculteurs et commerçants. Ils veillent aussi à la protection des vaches. Ils constituent l'un des quatre *varnas* **61**

varnas, division de la société selon l'occupation naturelle de chacun (*brāhmaṇas*, *kṣatriyas*, *vaiśyas* et *śūdras*) **61**

varṇāśrama-dharma, institution védique respectant la division naturelle de la société en quatre *varṇa*s et *āśramas*, instaurée afin de combler les besoins matériels et spirituels des hommes **61, 72**

vāsudeva-param tapaḥ, toute austérité qui a pour but de plaire à *Vāsudeva* **27**

Védas, écritures védiques dans leur ensemble **10, 81**

vibhu-ātmā, le Seigneur transcendantal, maître de toutes les énergies et opulences **77**

viṣṇu-tattva, expansion du Seigneur (*Viṣṇu*) doté de la même puissance que Lui **81**

voie ascendante, *āroha-panthā* et **voie descendante**, *avaroha-panthā*. Dans sa quête de l'Absolu, l'homme a le choix de se limiter à la connaissance qu'il peut acquérir grâce à ses sens imparfaits : c'est la méthode inductive, ou bien accepter le savoir venant d'une source supérieure : c'est la méthode déductive, celle qui conduit au succès **56**

yogī, celui qui pratique le yoga, voie qui permet, dans sa forme pure, de se relier à l'Absolu **58**

yukta-vairāgya, le véritable renoncement, qui consiste à voir et à utiliser toute chose au service du Seigneur **93**

Versets cités

(Les chiffres **en gras** renvoient aux numéros des textes)

Bhagavad-gītā telle qu'elle est

Chapitre, verset		Chapitre, verset	
2.12	**5**	*8.16*	**25**
2.13	**6**	*8.17*	**88**
2.20	**3**	*8.20*	**23, 30**
2.29	**42**	*8.21*	**23**
2.40	**79**	*9.2*	**58**
2.44	**28**	*9.3*	**46**
3.4	**44**	*9.4*	**30, 53, 59, 64**
3.9	**76**	*9.5*	**59**
3.13	**57**	*9.10*	**7, 101**
3.19	**76, 97**	*9.22*	**102**
3.27	**83, 89**	*9.25*	**8**
4.2	**47, 88**	*9.26*	**57, 96**
4.5	**99**	*9.29*	**86**
4.6	**30**	*9.30*	**100**
4.11	**39**	*9.32*	**86**
4.13	**61**	*10.8*	**30, 93**
4.34	**48**	*10.21*	**108**
4.36	**17**	*10.34*	**103**
5.16	**2**	*10.41*	**95**
5.18	**57, 68, 106**	*13.9*	**11, 25, 38**
5.29	**63, 75, 78, 102**	*13.22*	**52**
6.47	**18, 84**	*14.4*	**85**
7.1	**82, 84**	*14.26*	**100**
7.3	**108**	*15.1*	**14**
7.4	**71**	*15.6*	**23**
7.5	**23, 71, 75, 93**	*15.7*	**24, 32, 42, 50, 80**
7.8	**81**	*15.8*	**6**
7.10	**57, 101**	*15.13*	**108**
7.14	**60, 89**	*15.15*	**52, 99**
7.15	**22**	*18.37*	**27**
7.16	**39**	*18.42*	**46**
7.25	**19**	*18.54*	**24, 68**
8.6	**6, 99**	*18.61*	**52, 81**
8.15	**24**	*18.66*	**26, 47**

Śrīmad-Bhāgavatam

Autres écrits

Sources

☼ *1 S'enquérir*
Enseignements *Śrīmad-Bhāgavatam 1.1.1* Caracas 20 février 1975
Enseignements *Śrīmad-Bhāgavatam 1.2.10* Delhi 16 novembre 1973
☼ *2 Éveiller ce qui est là*
Enseignements *Śrīmad-Bhāgavatam 1.3.25* Los Angeles 30 septembre 1972
☼ *3 Les six phases de la vie*
Enseignements *Śrīmad-Bhāgavatam 1.3.1* Vṛndāvana 14 novembre 1972
☼ *4 Le char du corps*
Kaṭha Upaniṣad 1.3-4.9
☼ *5 Les trois destinations du corps*
Enseignements *Śrīmad-Bhāgavatam 1.2.14* Los Angeles 17 aout 1972
☼ *6 Le pouvoir subtil de l'air*
Enseignements *Bhagavad-gītā 1.32-35* Londres 25 juillet 1973
Conférence Laguna Beach 30 septembre 1972
☼ *7 Les prouesses du martin-pêcheur*
Un splendide martin-pêcheur en slow motion – Zapping sauvage, You tube
☼ *8 Pourquoi ?*
Enseignements *Śrīmad-Bhāgavatam 1.2.15* Los Angeles 18 aout 1972
Conférence Laguna Beach 30 septembre 1972
☼ *9 Les yeux de l'amour*
Enseignements *Bhagavad-gītā 2.12* Hyderabad 24 novembre 1972
☼ *10 Un savoir parfait*
Enseignements *Śrīmad-Bhāgavatam 1.2.9* Nlle Vṛndāvana 7 septembre 1972
☼ *11 Le prisonnier*
Enseignements *Bhagavad-gītā 1.21-22* Londres 18 juillet 1973
Enseignements *Śrīmad-Bhāgavatam 1.2.3* Rome 27 mai 1974
☼ *12 Mirage dans le désert*
Conférence Los Angeles 30 septembre 1972
Enseignements *Śrīmad-Bhāgavatam 1.2.10* Delhi 16 novembre 1973
☼ *13 Le lion aussi*
Enseignements *Śrīmad-Bhāgavatam 1.2.14* Los Angeles 17 aout 1972
Enseignements *Śrīmad-Bhāgavatam 1.2.9* Nlle Vṛndāvana 7 septembre 1972
☼ *14 Reflet sur l'eau*
Enseignements *Bhagavad-gītā 1.26-27* Londres 21 juillet 1973
Commentaires *Bhagavad-gītā telle qu'elle est 15.1*
☼ *15 Mon pays*
Enseignements *Śrīmad-Bhāgavatam 2.3.20* Los Angeles 16 juin 1972
☼ *16 La rose*
Commentaires *Śrīmad-Bhāgavatam 2.10.49-50*

Enseignements *Bhagavad-gītā 1.26-27* Londres 21 juillet 1973

Enseignements *Śrīmad-Bhāgavatam 1.3.16* Los Angeles 21 sept. 1972

Enseignements *Bhagavad-gītā 1.26-27* Londres 21 juillet 1973

Enseignements *Śrīmad-Bhāgavatam 2.3.14-15* Los Angeles 31 mai 1972
Enseignements *Śrīmad-Bhāgavatam 1.5.12-13* Nlle Vṛndāvana 11 juin 1969

Enseignements *Śrīmad-Bhāgavatam 2.3.20* Los Angeles 16 juin 1972

Enseignements *Bhagavad-gītā 1.1* Londres 7 juillet 1973

Enseignements *Śrīmad-Bhāgavatam 3.25.4* Mumbai 4 novembre 1974
Enseignements *Bhagavad-gītā 7.4* Vṛndāvana 10 aout 1974
Commentaires *Bhagavad-gītā telle qu'elle est 11.55*
The path of perfection - yoga as action p.5-6

Enseignements *Śrīmad-Bhāgavatam 2.3.21* Los Angeles 18 juin 1972

Enseignements *Śrīmad-Bhāgavatam 1.1.1* Caracas 20 février 1975

Enseignements *Śrīmad-Bhāgavatam 1.2.13* Vṛndāvana 24 octobre 1972

The path of perfection - Yoga as action p.7

Enseignements *Śrīmad-Bhāgavatam 2.9.1* Tokyo 23 avril 1972

Enseignements *Śrīmad-Bhāgavatam 1.3.30* Los Angeles 5 octobre 1972
Commentaires *Caitanya-caritāmṛta Adi-līlā 2.19*

Enseignements *Bhagavad-gītā 4.7-8* New-York 22 juillet 1966

Enseignements *Śrīmad-Bhāgavatam 1.2.33* Vṛndāvana 12 novembre 1972

Enseignements *Bhagavad-gītā 5.26-29* Los Angeles 12 février 1969

Lecture Seattle 30 septembre 1968

Commentaires *Bhagavad-gītā telle qu'elle est 5.26*

Enseignements *Śrīmad-Bhāgavatam 1.8.33* Los Angeles 25 avril 1973
Enseignements *Śrīmad-Bhāgavatam 1.59.11* Nlle Vṛndāvana 6 juin 1969

Crédits illustrations / photos

Intro Garuḍa : Dīnabandhu dāsa

4 Le char du corps : Dīnabandhu dāsa

5 Jonathan Farber / unsplash

7 Boris Smokrovic / unsplash

9 Hannah Olinger / unsplash

11 K u / unsplash

12 Sergey Pesterev / unsplash

13 Glen Carrie / unsplash

14 Hugues de Buyer Mimeure / unspl.

16 Dīnabandhu dāsa

19 Perchek industrie / unsplash

21 Mauricio Artieda / unsplash

22 Umit Yildirim / unsplash

24 Paulo Brandao / unsplash

25 Michael Jasmund / unsplash

28 Dīnabandhu dāsa

32 Erda Estremera / unsplash

34 Tina Bosse / unsplash

35 David Clode / unsplash

38 Manuel Sardo / unsplash

39 Jon Tyson / unsplash

40 Zekeriya Sen / unsplash

41 Atharva Tulsi / unsplash

43 Dīnabandhu dāsa

44 Dīnabandhu dāsa

50 Dīnabandhu dāsa

52 1 Jason Leung / unsplash

52 2 Mehrad Vosoughi / unsplash

53 Zibik / unsplash

54 Ali Yahya / unsplash

55 Bosco Shots / unsplash

57 Sheri Hooley / unsplash

59 freestocks-org / unsplash

60 Hongmei Zhao / unsplash

62 Dīnabandhu dāsa

64 Dīnabandhu dāsa

65 Gabriel Lamza / unsplash

66 Milada Vigerova / unsplash

69 Andre Iv / unsplash

73 Erika Giraud / unsplash

74 Matthew T Rader / unsplash

77 Santiago Lacarta / unsplash

79 1 Bankim Desai / unsplash

79 2 Dīnabandhu dāsa

80 Jude Beck / unsplash

81 JJ Jordan / unsplash

82 Dīnabandhu dāsa

85 Tyler Nix / unsplash

86 Dīnabandhu dāsa

89 Lacie Slezak / unsplash

90 Artur Tumasjan / unsplash

92 Mathew Schwartz / unsplash

94 Dīnabandhu dāsa

100 Frederick Tubiermont / unspl.

103 Church of the king / unsplash

104 Wexor tmg / unsplash

105 Niclas Illg / unsplash

107 Dīnabandhu dāsa

108 Josh Miller / unsplash

Fin Hanuman : Dīnabandhu dāsa

Remerciements

Je remercie mes amis de la première heure, tous ceux qui m'ont aidé, inspiré et guidé sur la *bhakti mārga,* la voie radieuse du service de dévotion offert à *Kṛṣṇa.* Certains sont déjà partis, mais le souvenir que j'ai de chacun d'eux vit à jamais dans mon cœur. Je leur offre à tous mon respectueux hommage.

Je remercie sa sainteté *Bhakti Caru Swāmī,* mon maître spirituel, qui a eu la bonté de m'arracher à l'océan de l'existence matérielle et de me relier à la prestigieuse *Mādhva-gauḍīya-sampradāya* par le procédé de l'initiation. Tout insignifiant que je suis, je lui offre mon plus humble hommage et je sollicite sa bénédiction, ainsi que celle de tous les *vaiṣṇavas* engagés à répandre le Mouvement de *Saṅkīrtana* dans le monde pour le bien de tous les êtres, selon la volonté de *Śrīla Prabhupāda,*

Je remercie la communauté *vaiṣṇava* de France et les temples à travers le monde, semblables à des oasis spirituelles dans le désert du *Kali-yuga,* où l'on peut venir savourer, en compagnie des *bhaktas,* les joies du *hari-nāma-saṅkīrtana.* Je remercie toutes les belles personnes que j'y rencontre à chacun de mes séjours. Par leur exemple, elles sont pour moi un modèle et m'enseignent à marcher dans leurs traces.

Je remercie les personnes qui assurent le maintien et le développement du site *Vanipedia,* vaste encyclopédie regroupant les enseignements complets de *Śrīla Prabhupāda.*

https://vanipedia.org

Je remercie le *Bhaktivedanta Book Trust International* (BBT) pour l'utilisation des versets, teneurs et portées, enregistrements audio et lettres de *Śrī Śrīmad A.C. Bhaktivedanta Swami Prabhupāda.*

Enfin, je remercie *Laure* pour avoir réalisé la couverture de ce livre, la retouche de certaines photos et du dessin qui illustre « le char du corps ».

Contact

Une lune pour des millions d'étoiles existe en livre broché ou en livre relié, avec 60 photos et illustrations, et aussi en e-book pour liseuse Kindle. Une version en anglais est également disponible.

- Vous avez des questions ou des commentaires ?
- Vous souhaitez être informé de mes prochaines publications et participations à des salons du livre ?
- Vous voulez commander d'autres exemplaires de ce livre sans passer par internet ?
- Vous aimeriez bénéficier du tarif distributeur ?
- Vous souhaitez poursuivre votre lecture en acquérant un exemplaire de *La Bhagavad-gītā telle qu'elle est* ?

Écrivez-moi à l'adresse mail suivante :

danielmiguet@orange.fr

ou visitez mon site web :

unelunepourdesmillionsdetoiles.fr

Également disponible : ***Le Fil Invisible*** – *de la sagesse populaire à la spiritualité.*

512 pages, 115 photos / illustrations.

Au menu de mon site auteur, vous sont proposés différents ouvrages, dont des livres jeunesse illustrés (pour enfants de 3 à 7 ans), l'actualité des Salons du Livre auxquels je participe, quelques textes choisis, ainsi qu'une page contact.
N'hésitez pas à le consulter !

☯ *Bhakti World*

Table des matières

Bhakti World

www.ingramcontent.com/pod-product-compliance
Lightning Source LLC
Chambersburg PA
CBHW070510160726

48003CB00004B/1514